D1722257

YOUR WARDROBE

ARNDT SUSMANN

YOUR WARDROBE

DER EINKAUFSBERATER
FÜR DIE GARDEROBE DES
ANSPRUCHSVOLLEN MANNES

stiebner

Layout, Illustrationen und Umschlaggestaltung: Arndt Susmann

Bibliografische Information der Deutschen Nationalbibliothek
Die Deutsche Nationalbibliothek verzeichnet diese Publikation in der
Deutschen Nationalbibliografie; detaillierte bibliografische Daten sind im
Internet über htttp://dnb.d-nb.de abrufbar.

Gesamtherstellung: Stiebner, München
Printed in Germany

ISBN 978-3-8307-0916-9

www.stiebner.com

Vorwort

Arbeit & Freizeit

Festliche Kleidung

Accessoires

Vain trifles as they seem, clothes have, they say,
more important offices than to merely keep us warm.
They change our view of the world and the world's view of us.

— Virginia Woolf, Orlando

I

Vorwort

Gute Kleidung kann Sie verändern, Ihnen Selbstvertrauen geben und anderen Respekt abverlangen. Schlechte Kleidung hingegen verunsichert. Das ungute Gefühl, falsch angezogen zu sein, begleitet und behindert Sie auf Schritt und Tritt. Niemand kleidet sich absichtlich schlecht und niemand will als schlecht gekleidet gelten. Dennoch tragen die allermeisten Männer zu große Anzüge und darunter zu kurze Hemden. Die allerwenigsten sind auch bereit, für hochwertige Schuhe, in denen man vielleicht sein halbes Leben durchschreitet, gutes Geld zu zahlen. Eine seltsame Situation, aber vielleicht keine vollkommen unverständliche. Nicht jeder ist ein Enthusiast in Sachen Kleidung und nicht jeder möchte einen großen Teil seiner freien Zeit mit der Suche nach einem passenden und hochwertigen Kleidungsstück verbringen. Viele wissen womöglich auch gar nicht, was hochwertige Kleidung eigentlich ausmacht. In Zeiten von Discountmode, die beinahe wie eine Einwegverpackung benutzt und weggeworfen wird, ist das vielleicht auch nicht weiter verwunderlich. Die Qualität eines T-Shirts, das nicht einmal ein Jahr überstehen muss, bevor es im Müll landet, ist vollkommen irrelevant.

Warum sollten Sie also Zeit und Geld in qualitativ hochwertige Kleidung investieren? Die Antwort auf diese Frage muss lauten: um letztendlich viel Zeit und Geld zu sparen. Zeit werden Sie sparen, weil klassische Kleidung langlebig ist und nicht ständig ersetzt werden muss. Geld werden Sie sparen, weil Sie letztendlich weniger kaufen müssen. Dabei werden Sie besser gekleidet sein als der Löwenanteil derjenigen, die Ihnen tagaus, tagein begegnen, und Sie werden dem Frust entkommen, einer ständig wechselnden Mode nachzulaufen. Nebenbei verweigern Sie sich der Ausbeutung von Billigarbeitern und tragen nicht mehr dazu bei, dass alljährlich mehrere Millionen Tonnen Altkleider die Umwelt belasten. Klassische Kleidung war schon immer nachhaltig – lange bevor das Wort „nachhaltig" selbst in Mode kam.

Dieses Buch hilft Ihnen dabei, den Grundstein zu Ihrer hochwertigen und zeitlosen Garderobe zu legen. Jedes Kapitel widmet sich einem Kleidungsstück oder Accessoires und gibt Ihnen konkrete, kapitelübergreifend abgestimmte Kaufempfehlungen. Ihre Basisgarderobe ist daher flexibel kombinierbar, sodass Sie auch mit wenigen Kleidungsstücken viele Outfits erzeugen können. Sie erfahren, wie Sie ein Kleidungsstück tragen sollten und worauf Sie in Sachen Qualität achten sollten. So ausgestattet, können Sie mit dem guten Gefühl, das Richtige zu kaufen, auf die Jagd nach einem neuen Outfit gehen.

Sich klassisch zu kleiden bedeutet immer auch, sich einem Stil dauerhaft zu verschreiben. Die Mode wird von Designern bestimmt und die Vorlieben und Einfälle dieser Designer werden von den Käufern, wissentlich oder unwissentlich, übernommen. Je unabhängiger Sie vom Diktat der Mode werden, desto mehr werden Sie einen zeitlosen Stil pflegen. Dabei ist es vollkommen egal, ob Sie eher klein und untersetzt sind oder groß und schlank. Auch Ihr Alter spielt keine Rolle. Klassische Kleidung diskriminiert nicht. Letztendlich entscheidet vorhandene oder eben fehlende Authentizität in Ihrer Garderobe darüber, ob Sie sich in Ihrer zweiten Haut wohlfühlen oder nicht. Dabei bedeutet Authentizität nicht, dass Sie Ihren eigenen Stil entwickeln müssen. Ganz im Gegenteil: Lassen Sie sich ruhig inspirieren! Wenn Sie ein stilvolles Outfit sehen, übernehmen Sie es. Verbessern Sie es da, wo es Ihnen nicht gefällt, und ergänzen Sie es mit eigenen Ideen. Entwickeln Sie Ihre persönliche Note innerhalb des klassischen Stilkanons.

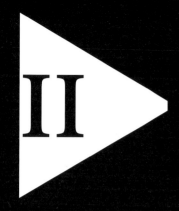

Arbeit & Freizeit

Anzüge

Ob Sie ihn nun zum 80. Geburtstag der Oma tragen, zu Vorstellungsgesprächen, zu Beerdigungen oder als Ihre tägliche Arbeitskleidung – der Anzug ist und bleibt eines der elegantesten und beeindruckendsten Kleidungsstücke in der Garderobe des Mannes.

—— Grundlagen

Die Jacketts von Anzügen sollten zwei seitliche Rückenschlitze haben, bei Zweireihern in jedem Fall. Ein mittlerer Rückenschlitz ist hingegen bei Sportjacken – und hier im Speziellen bei Tweedjacken – eine Alternative zu seitlichen Rückenschlitzen. Achten Sie darauf, dass die Details nicht zu extrem ausfallen. Zu schmale oder zu weite Revers sind genauso unerwünscht wie zu viele oder zu wenige Knöpfe an den Ärmeln – zwei sind das Minimum, vier das Optimum; mehr als vier sollten es nicht sein.

Hochbundhosen sind beim Anzug meist die bessere Wahl als der zurzeit moderne Tiefbund. Bei einem Jackett mit nur einem Knopf sind sie sogar notwendig, damit das Hemd nicht in dem Dreieck zwischen Hosenbund und der sich nach unten öffnenden Front des Jacketts sichtbar ist. Für schlanke und normal gebaute Männer sind Bundfalten, auch an einer Hochbundhose, überflüssig. Bei beleibteren Männern sorgen diese aber für weicheres Fallen der Hose.

Die meisten Anzughosen werden heute mit Gürtelschlaufen angeboten. Bei einem zweiteiligen sportlichen Anzug mag ein Gürtel eine nette Ergänzung des Outfits sein, die vor allem von italienischen Schneidern angeboten wird. Der Gürtel kann aber auch störend wirken, wenn er zum Beispiel an einem dreiteiligen Anzug unter der Weste getragen wird. Dort trägt der Gürtel und speziell die Schnalle unschön auf. Wenn Sie nicht gerade ein ausgesprochener Fan des Gürtels sind, sollten Sie daher besser zu seitlichen, justierbaren Schnallen oder Hosenträgern greifen. Bei Hochbundhosen ist dies dringend zu empfehlen, da der Gürtel ansonsten Ihren Bauch unangenehm einschnüren würde.

Die Farbe der Knöpfe sollte mit der des Anzuges harmonieren. Knöpfe aus natürlichen Materialien sind zu bevorzugen. Auch hierbei wählen Sie den Farbton mit der größtmöglichen Ähnlichkeit zur Farbe des Stoffes.

Sehr leichte Stoffe werden zwar allenthalben als das Nonplusultra angepriesen, sie sind jedoch, was Passform und Haltbarkeit anbelangt, den mittelschweren bis schweren Stoffqualitäten unterlegen. Auch an warmen Tagen ist ein mittelschwerer Stoff in einer offenporigen Webart durchaus tragbar. Vergessen Sie die viel gepriesene Superzahl. Entscheidend für einen hochwertigen Eindruck sind Textur und Schwere des Materials. Sollten Sie befürchten, in Ihrem Anzug im Sommer zu überhitzen, dann wählen Sie einen nur zur Hälfte oder ungefütterten Anzug, wie Italiener ihn gerne tragen.

Die meisten Anzugträger sitzen heutzutage nicht mehr in schlecht geheizten Büros. Ein Anzug mit einer wärmenden Weste ist daher eigentlich nicht notwendig. Doch ist ein dreiteiliger Anzug einfach sehr elegant. Da die Weste nur einen geringen Anteil an den Gesamtkosten eines Anzuges hat, lohnt sich die Anschaffung in der Regel. Wenn Ihnen die Weste dann doch mal zu viel sein sollte, können Sie das gute Stück auch im Schrank hängen lassen und den Anzug als Zweiteiler tragen. Tragen Sie eine Weste, ist es ein Zeichen guten Stils, deren untersten Knopf nicht zu schließen.

Bei keinem anderen Kleidungsstück Ihrer Garderobe entscheiden die richtigen Proportionen und die Wahl der Details so sehr über den Gesamteindruck wie beim Anzug. Als einfache Regel gilt: Kleine und beleibte Männer sollten versuchen, ihre Figur mit dem Anzug optisch zu strecken, während große und schlanke Männer einen Anzug wählen sollten, dessen Details die Körpergröße nicht noch zusätzlich betonen. Um den gewünschten Effekt zu erreichen, können Sie an verschiedenen „Stellschrauben" drehen. Die beiden wichtigsten sind die Anzahl der Knöpfe am Jackett, die daraus resultierende Länge der Revers sowie Anzahl und Art der Jacketttaschen. Ein Jackett mit zwei Knöpfen hat ein längeres Revers als ein Dreiknopfjackett und streckt daher die Figur optisch. Schräg angesetzte Taschen betonen ebenfalls die Vertikale. Aufgesetzte und gerade angesetzte Taschen hingegen betonen horizontale Linien, sie sind daher eher für große Männer geeignet. Gleiches gilt auch für das kürzere Revers des Dreiknopfjacketts. Die vorgenannten Regeln können Ihnen als Hilfe beim Kauf des richtigen Anzugs dienen, sollten jedoch nicht Ihre Intuition behindern. Wählen Sie die Details, die Sie mögen und von denen Sie glauben, dass sie authentisch sind, und bemühen Sie die Regeln erst dann, wenn Sie sich beim Blick in den Spiegel nicht wohlfühlen.

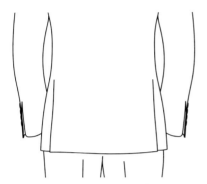

Jackett mit zwei seitlichen Rückenschlitzen (Double Vent)

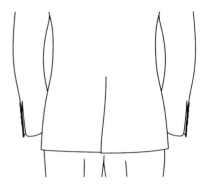

Jackett mit einem mittigen Rückenschlitz (Single Vent)

Einreihiges Jackett mit zwei Knöpfen und gerade angesetzten Taschen

Einreihiges Jackett mit zwei Knöpfen, schräg angesetzten Taschen und zusätzlicher „Ticket-Tasche"

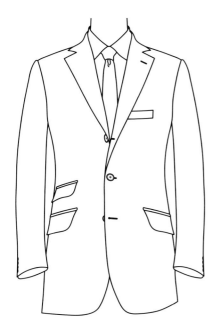

Einreihiges Jackett mit drei Knöpfen und rollenden Revers

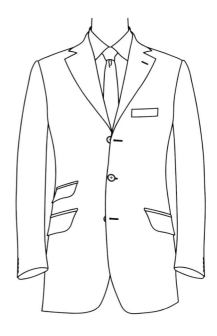

Einreihiges Jackett mit drei Knöpfen, schräg angesetzten Taschen und zusätzlicher „Ticket-Tasche"

Einreihiges Jackett mit einem Knopf, schräg angesetzten Taschen und zusätzlicher „Ticket-Tasche"

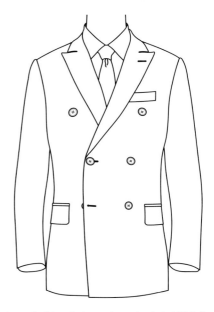

Doppelreihiges Jackett mit zweimal drei Knöpfen und gerade angesetzten Taschen

Die „roped shoulder" im englischen Stil

Die natürliche Schulter im italienischen Stil

Fallende Revers (Step Lapel)

Steigende Revers (Peak Lapel)

Schalkragen (Shawl Collar)

Unabhängig von der Form des Revers, sollte der Hemdkragen das Revers stets um drei bis vier Zentimeter überragen.

Das Jackett hat die richtige Länge, wenn der Saum bis zur Daumenmitte reicht bzw. wenn er sich auf halber Länge zwischen dem Kragen und dem Hosensaum befindet. Die Manschette des Hemdes schaut mindestens einen Zentimerter aus dem Ärmel des Jacketts hervor. Die Weste sollte den Hosenbund immer überdecken. Sowohl bei der Weste wie auch beim Jackett bleibt der untere Knopf immer geöffnet.

——— Qualität erkennen

Die Qualität eines Anzuges zeigt sich in den Details. Sie sind für den guten oder eben schlechten Gesamteindruck des Anzuges verantwortlich. Ein maßgeschneiderter Anzug ist daher einem Konfektionsmodell bei weitem vorzuziehen, da sich jedes noch so kleine Detail so lange ändern und anpassen lässt, bis alles stimmig ist.

Ein Anzug von der Stange muss dennoch nicht zwangsläufig von schlechter Qualität sein. Viele Hersteller von Konfektionsanzügen versuchen mittlerweile, ebenjene Details aus der Maßfertigung zu übernehmen, die sich qualitätssteigernd auf das Produkt auswirken.

Damit Sie wissen, worauf es beim Anzugkauf ankommt, sollten Sie die folgenden Punkte berücksichtigen.

Die Anzugjacke setzt sich aus mehreren Schichten Stoff zusammen, die der Front der Jacke Form und Stabilität verleihen. Die als Einlagen bezeichneten Stoffteile finden sich in der Brustpartie und den Revers der Jacke. Die Art der Verbindung der Einlagen mit dem Oberstoff ist ein wichtiger Hinweis auf Qualität. Bei einem hochwertigen Anzug werden die Einlagen pikiert; das bezeichnet das lose Vernähen der einzelnen Stofflagen mit dem Oberstoff. Bei einer so konstruierten Anzugjacke bleiben die Einlagen flexibel, sodass die Jacke sich an den Träger anpassen kann. Der englische Begriff „floating canvas" (treibende Einlage), beschreibt diesen Umstand sehr gut. Bei Massenprodukten werden die Einlagen einfach mit dem Oberstoff verklebt. Dieses Vorgehen ist um ein Vielfaches schneller und senkt die Produktionskosten und damit den Preis des Anzugs, gleichzeitig verliert die Anzugjacke aber ihre wichtigste Eigenschaft, nämlich die Flexibilität. Ein Indiz für gute Handarbeit sind kleine Unebenheiten auf den Innenseiten der Revers, die beim Pikieren der Einlagen entstehen.

Ein mittlerweile zu einiger Bekanntheit gelangtes Detail sind die funktionstüchtigen Knöpfe an den Ärmeln des Jacketts. Historisch gesehen sind diese Köpfe ein Überbleibsel aus der Zeit, als die Jacke noch richtige Manschetten hatte. Ohne diese sind die Knöpfe funktionslos. Sie zu öffnen ist also eigentlich überflüssig, wäre darin nicht der Hinweis auf teure Maßarbeit versteckt. Tatsächlich erhalten Sie von vielen, jedoch nicht allen, Maßschneidern „working cuffs", also eine funktionstüchtige Knopfleiste. Die Industrie hat auch dieses Detail übernommen, Maßarbeit können Sie daran also nur noch bedingt erkennen. Es sei an dieser Stelle erwähnt, dass das Offenlassen des ersten Knopfes am Ärmel des Jacketts nicht als sonderlich guter Stil interpretiert werden sollte. Damit anzugeben, dass man sich einen Maßanzug leisten kann, ist eher peinlich als stilbewusst.

Wichtiger als das Funktionieren der Knöpfe ist die Frage, ob die Knopflöcher von Hand umsäumt wurden oder ob es sich um Maschinenarbeit handelt. Auch wenn

Sie ein solches Detail nur bei den allerwenigsten Konfektionsanzügen finden werden, so ist es doch ein Hinweis auf hohe Sorgfalt. Sollten die Nähte des Anzuges und die Knopflöcher von Hand gesäumt worden sein, so kann man davon ausgehen, dass beim Rest des Anzuges, inklusive der Hose und einer allenfalls vorhandenen Weste, ebenfalls mit Liebe zum Detail gearbeitet wurde. Erkennen können Sie eine von Hand erstellte Naht an den kleinen Unregelmäßigkeiten im Abstand der Stiche, wie sie nur bei Handarbeit entstehen.

———— *Kaufempfehlung*

▶ **Ein navyblauer Anzug bestehend aus:**

Einem einreihigen Jackett mit zwei Knöpfen (große Männer haben die Wahl zwischen zwei oder drei Knöpfen) und fallendem Revers
Einer Weste (auch die Weste kann fallende Revers und Taschen besitzen)
Einer Hose mit Hochbund ohne Umschläge

Wählen Sie:
Ein mittelschweres Kammgarngewebe mit 280 g bis 340 g Stoffgewicht
Vier Knöpfe am Ärmel
Zwei gerade angesetzte Taschen und eine Ticket-Tasche am Jackett, wenn Sie schlank oder normal gebaut sind
Zwei schräg angesetzte Taschen am Jackett, wenn Sie eine eher untersetzte Statur haben

Tipp: Navyblau ist ein Farbton, den man ohne Probleme als Blau identifizieren sollte. Wenn Sie sich nicht sicher sind, ob es sich nicht vielleicht doch um Schwarz handelt, ist der Ton zu dunkel!

▶ **Ein mittelgrauer Anzug bestehend aus:**

Einem einreihigen Jackett mit zwei Knöpfen (große Männer haben die Wahl zwischen zwei oder drei Knöpfen) und fallendem Revers

Einer Weste (auch die Weste kann fallende Revers und Taschen besitzen)
Einer Hose mit Hochbund ohne Umschlag (wenn Sie etwas riskieren wollen, dann
könnten Sie in diesem Fall auch einen Umschlag von 4,5 cm Höhe wählen)

Wählen Sie:
Einen mittelschweren bis schweren Flanell
Vier Knöpfe am Ärmel
Zwei gerade angesetzte Taschen und eine Ticket-Tasche am Jackett, wenn Sie
schlank oder normal gebaut sind
Zwei schräg angesetzte Taschen am Jackett, wenn Sie eine eher untersetzte Statur
haben

▶ **Ein dunkelgrauer Anzug bestehend aus:**

Einem zweireihigen Jackett mit sechs Knöpfen und steigenden Revers
Einer Hose mit Hochbund ohne Umschläge

Wählen Sie:
Einen mittelschweren bis schweren Flanell
Vier Knöpfe am Ärmel
 Zwei gerade angesetzte Taschen am Jackett

Tipp: Falls Sie den Zweireiher bis jetzt gemieden haben, weil Sie glauben, dass er Ihrer Statur nicht schmeichelt und Sie unförmig erscheinen lässt, sollten Sie die Jackettknöpfe enger zueinander platzieren lassen, sodass die Vertikale stärker betont wird. Schräg angesetzte Taschen und eher schmale Revers verstärken den Vertikalzug und sorgen so für eine elegantere Silhouette.

Mit diesen drei Anzügen haben Sie eine solide Grundausstattung erworben. Wenn Sie nun auf den Geschmack gekommen sind oder einfach mehr Abwechslung in Ihrer Garderobe bevorzugen, steht Ihnen eine reichhaltige Auswahl an Mustern und Webarten zur Verfügung. Wie immer gilt: Vermeiden Sie Extreme und greifen Sie lieber auf die Klassiker zurück, von denen hier noch einige genannt seien:

- *Nadel- und Kreidestreifen in Blau- und Grautönen*
- *Nailhead und Sharkskin in Blau- und Grautönen*
- *Dezenten Fischgräten in Blau- und Grautönen*

Falls Sie Anzüge in ländlicher Umgebung tragen kommen natürlich auch mittel-schwere bis schwere Stoffe in gedeckten Grün- und Brauntönen infrage. Allen voran ist Tweed ein klassischer Stoff für einen Shooting- oder Country-Suit. Je weiter Sie sich von der Stadt entfernen, desto auffälliger können auch die Muster und Webar-ten sein. Mit großen Überkaros in Kontrastfarben oder breiten Fischgrätengeweben können Sie sich auf dem Land immer sehen lassen.

—— Interessante Adressen

Konfektion & Halbmaß (Made to Measure)

Brioni
www.brioni.com

—

Ede & Ravenscroft
www.edeandravenscroft.co.uk

—

Kiton
www.kiton.it

—

Löwenzahn Menswear
www.loewenzahn-menswear.ch

Canali
www.canali.it

—

Hackett
www.hackett.com

—

Loro Piana
www.loropiana.com

—

Paul Smith
www.paulsmith.co.uk

Vollmaß (Bespoke – Savile Row)

Anderson & Sheppard
www.anderson-sheppard.co.uk

Chittleborough & Morgan
www.chittleboroughandmorgan.co.uk

Dege & Skinner
www.dege-skinner.co.uk

—

Hardy Amies
www.hardyamies.com

—

H. Huntsman & Sons
www.h-huntsman.com

—

Norton & Sons
www.nortonandsons.co.uk

Gieves & Hawkes
www.gievesandhawkes.com

—

Henry Poole and Co.
www.henrypoole.com

—

Kilgour
www.kilgour.com

Vollmaß (Bespoke)

Cifonelli
www.cifonelli.com

—

Choppin & Lodge
www.choppinandlodge.com

—

Purwin & Radczun
www.purwin-radczun.com

—

Thom Sweeney
www.thomsweeney.co.uk

Graham Browne
www.grahambrowne.co.uk

—

Rubinacci
www.marianorubinacci.net

—

Sartoria Caliendo
www.sartoriacaliendo.com

—

Timothy Everest
www.timothyeverest.co.uk

>

Sportjacken

Dass die Sportjacke das Wort „Sport" im Namen trägt, mutet aus heutiger Sicht seltsam an. Aus ihrer Geschichte heraus leuchtet es jedoch ein, da sie die Jacke der Wahl bei der Jagd war und ausgehend von dort in alle anderen Bereiche freizeitlicher Aktivitäten vordrang. Spätestens seit den 1920er-Jahren ist die Sportjacke sowohl auf dem Land wie auch in der Stadt eine beliebte Freizeitbegleiterin, die sich kontinuierlich den Bedürfnissen ihres Trägers angepasst hat. Der Archetyp dieser Jacke, das Norfolk Jacket, ist aus Tweed gefertigt, dem Stoff der Wahl für die meisten Sportjacken. Neben Tweed kommen aber auch eine ganze Reihe anderer Gewebe und Stoffe wie etwa Moleskin, Cord oder auch Kaschmir infrage.

——— *Grundlagen*

Sportjacken stilvoll zu tragen bedeutet vor allem, sie mit den passenden Hosen zu kombinieren. Feine Anzugstoffe bilden einen zu starken Kontrast zu den in der Regel eher schweren und groben Stoffen der Sportjacke. Das führt dazu, dass Ihr Outfit optisch auseinanderfällt. Vermeiden können Sie diesen Effekt, indem Sie Hosen tragen, deren Stoff in Gewicht und Oberflächenstruktur dem der Sportjacke ähnelt. Den notwendigen und gewünschten Kontrast sollten Sie über Muster, Farbe und Webart herstellen.

Es gab Zeiten, in denen die Kombination von Jacke und Hose aus unterschiedlichen Materialien die förmlichste Art der Kleidung war. Abgesehen vom Morning Dress sind diese Zeiten heute vorbei. Bedenken Sie diesen Umstand, wenn Sie die Sportjacke im Beruf tragen wollen. Gerade in Anwaltskanzleien, Banken und Versicherungen gilt in den allermeisten Fällen der Anzug als das korrekte Outfit. Im Zweifel fragen Sie besser vorher nach, um sich die Peinlichkeit, „underdressed" zu sein zu ersparen.

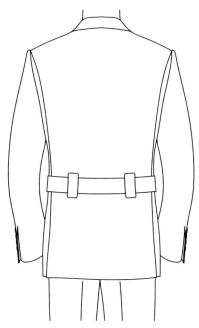

Der Archetyp der Sportjacke – das Norfolk Jacket

Rückseite des Norfolk Jacket mit umlaufendem Gürtel

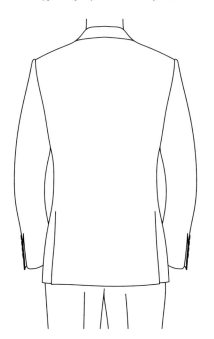
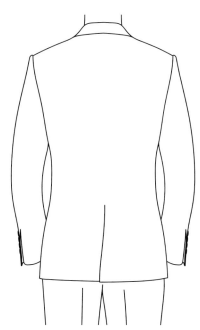

Sportjacke mit seitlichen Rückenschlitzen

Sportjacke mit mittigem Rückenschlitz

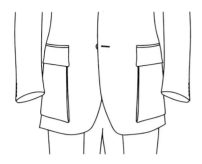

Balgtaschen sind nicht nur am Norfolk Jacket ein interessantes Detail

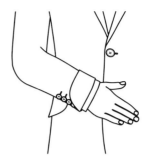

Eine Umlegemanschette am Jackett kann genau wie die Balgtasche ein ausergewöhnlicher und dennoch klassischer Blickfang sein

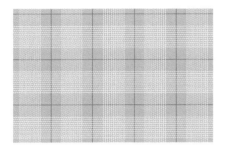

Webstruktur „Prince-of-Wales-Check"

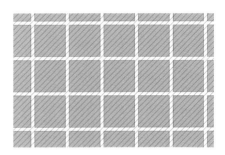

Webstruktur „Windowpane"

Qualität erkennen

Die Qualität der Sportjacke steht und fällt mit der Möglichkeit, sie zu kombinieren. Die hochwertigste Sportjacke wird Ihnen keine Freude machen, wenn sich ihr Stoff nicht mit dem der Hose verträgt. Eine solche Jacke wird die meiste Zeit im Schrank hängen. Zu den seltenen Gelegenheiten, an denen Sie sich dazu durchringen, sie zu tragen, wird sie Ihnen das ungute Gefühl geben, „nicht gut gekleidet zu sein". Bevor Sie sich mit der Verarbeitung und der Passform beschäftigen, gilt es daher, in Gedanken den Kleiderschrank zu öffnen und nach den passenden Kombinationen zu suchen. Wenn Sie dort nicht fündig werden und wenn auch die Regale der Herrenausstatter keine Antworten bereithalten, dann ist die Jacke – sei sie noch so gut gefertigt – von schlechter Qualität. Im Übrigen gilt für die Sportjacke in Sachen Qualität das Gleiche wie für die Anzugjacke.

——— *Kaufempfehlung*

Für den Anfang sollten Sie auf eher dezente Stoffe setzen. Diese sind leichter zu kombinieren als starke Muster und geben Ihnen bessere Flexibilität vor allem, wenn Sie erst eine kleine Auswahl an Hosen in Ihrer Garderobe haben. Mit weiteren Sportjacken können Sie Ihr Fingerspitzengefühl im richtigen Kombinieren verfeinern, um danach mit etwas gewagteren Mustern und Farben zu experimentieren.

▶ *Ein Tweedjacket aus grau-braunem Donegal-Tweed mit zwei Knöpfen, rollendem Revers sowie mittlerem Rückenschlitz*

▶ *Ein Tweedjacket aus grün-braunem Herringbone-Harris-Tweed mit zwei Knöpfen, rollendem Revers sowie mittlerem Rückenschlitz*

▶ *Eine mittelgraue oder mittelbraune halb gefütterte Sportjacke aus grob gewebtem Kaschmir oder Angorastoff mit zwei Knöpfen und aufgesetzten Taschen*

Für weitere Einkäufe sollten Sie folgende Optionen berücksichtigen:

▶ *Große Überkaros auf unifarbenen Grund (engl. Windowpane)*

▶ *Glen-Urquard-Check oder Prince-of-Wales-Check (POW)*

▶ *Grob gewebte Leinen-Wolle-Mischgewebe (besonders geeignet für den Sommer)*

▶ *Mehrfarbige kleine Karomuster*

——— *Interessante Adressen*

Da eine Sportjacke, mal abgesehen vom Stoff und einigen Details wie aufgesetzen Taschen, einer Anzugjacke gleicht, sind die Adressen im Kapitel Anzüge auch für den Erwerb einer Sportjacke hilfreich. Wer nach einer authentischen Tweedjacke von der Stange Ausschau hält, der sollte mal dem Hause Cordings einem Besuch abstatten.

Cordings
www.cordings.co.uk

>

Blazer

Der Blazer ist eines jener essenziellen Kleidungsstücke in Ihrer Garderobe, mit dem Sie die verschiedensten Outfits kreieren können. Er sollte daher zu Ihren ersten Einkäufen zählen. Der Blazer wird sowohl in der einreihigen Version wie auch als Doppelreiher angeboten. Von den beiden hat, geschichtlich gesehen, nur die doppelreihige Version einen maritimen Hintergrund. Der einreihige Blazer ist ein Nachfahre der Clubjacke.

——— *Grundlagen*

Aufgrund seiner Herkunft hat der doppelreihige Blazer Anklänge an eine Marineuniform. Damit geht eine gewisse Förmlichkeit einher, die ihn etwas weniger kombinationsfreudig macht als die einreihige Variante. Vor dem Kauf sollten Sie sich daher Gedanken darüber machen, zu welchen Anlässen und in welchen Kombinationen Sie den Blazer tragen möchten. Die Kombinationsmöglichkeiten des Doppelreihers liegen eher im Bereich „updressed", was nicht heißen soll, dass man ihm mit einem Paar gut getragener Loafer und einer Chino nicht auch einen etwas legereren Charakter verleihen kann.

Generell lässt sich die Position in der Bandbreite zwischen „downdressed" und „updressed" durch die Wahl der Kleidungsstücke bestimmen, die den Blazer begleiten. Mit Flanellhose, Krawatte, Einstecktuch und schwarzen Oxfords sind Sie für eine abendliche Geburtstagsfeier gut gekleidet. Kombiniert mit einer altrosafarbenen Baumwollhose und ohne Strümpfe getragenen Bootsschuhen sind Sie reif für die Strandparty.

Der Unterschied zwischen einem einfachen marineblauen Jackett und dem Blazer liegt nur in den Knöpfen. Diese bilden hier, im Gegensatz zu den Knöpfen der Anzugoder Sportjacke, immer einen möglichst starken Kontrast zum Stoff. Es bleibt Ihren persönlichen Vorlieben überlassen, ob Sie die klassischen Goldknöpfe tragen möchten oder beispielsweise helle Perlmutt- oder Hornknöpfe bevorzugen.

Goldknöpfe gibt es in den verschiedensten Ausführungen. Vor allem Marinemotive wie etwa der Anker oder auch Wappen und Symbole von Universitäten und Clubs sind sehr beliebt. Solche Motive sollten Sie jedoch nur tragen, wenn Sie wahlweise Mitglied oder Absolvent der motivgebenden Organisation sind. Sich mit fremden Federn zu schmücken kann nie guter Stil sein.

Die klassische Farbe für den Blazer ist Marineblau. Für den einreihigen Blazer wären auch andere Farben wie zum Beispiel Flaschengrün denkbar. Besonders auffällig gestreifte Exemplare der Clubjacke in den kräftigsten Farben lassen sich alljährlich bei traditionellen Ruderregatten wie der Henley Royal Regatta oder der Eights-Week in Oxford finden. Die breiten Streifen und knalligen Farben sind für diese traditionsreichen Veranstaltungen genau das Richtige. In einem anderen Kontext getragen werden solche Jacken schnell zu einer Verkleidung.

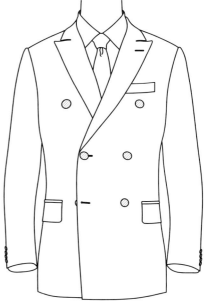

Einreihiger Blazer oder Clubjacke mit aufgesetzten Taschen (engl. Patch Pockets)

Doppelreihiger Blazer

Eine weniger bekannte, aber sehr gut für Blazer geeignete Webstruktur ist das „Hopsack". Die offene Webart dieses Stoffes gibt dem Blazer eine interessante Textur.

Ein Klassiker für den Blazer ist „Serge". Dieses Gewebe ist mit seiner etwas feineren Struktur gut für den zweireihigen Blazer geeignet.

——— Qualität erkennen

Da der Blazer sich, abgesehen von den Knöpfen, nicht von einem Jackett unterscheidet, kann man hier die gleichen Qualitätsmaßstäbe anlegen wie an die Anzugjacke. Es ist daher sinnvoller, sich an dieser Stelle noch einmal mit den unterschiedlichen Stoffqualitäten zu befassen. Sowohl die Clubjacke wie auch das Reefer Jacket, das Vorbild für den doppelreihigen Blazer, sind von schwerer, letzteres sogar sehr schwerer Qualität. Diesem Umstand sollte ein guter Blazer Rechnung tragen, indem er ebenfalls mindestens aus einem mittelschweren Stoff mit deutlicher Webstruktur gearbeitet wird. Hopsack oder Serge sind bestens geeignete Stoffe, und wer sich eine Herbst-/Wintervariante anschaffen möchte, kann auch auf Flanell zurückgreifen. Für edlere Varianten könnte die Wahl auch auf Kaschmir oder Angora in einer der genannten Webarten fallen. Anzugstoffe sind für Blazer nicht geeignet, da sie aufgrund ihrer feineren Oberflächenstruktur einen unschönen Kontrast zu den Materialien der Hosen bilden, mit denen der Blazer im Regelfall kombiniert wird.

——— Kaufempfehlung

Wie bereits erwähnt, ist für den Anfang die einzige wirklich geeignete Farbe für den Blazer Marineblau. Der Kauf von mehr als zwei Modellen, nämlich einem einreihigen und einem zweireihigen Blazer, könnte also nur noch mit der Wahl unterschiedlicher

Stoffe begründet werden oder mit verschiedenen Details, wie zum Beispiel aufgesetzten Taschen.

Für den Anfang ist folgende Anschaffung vollkommen ausreichend:
▶ *Ein marineblauer, einreihiger Blazer aus einem mittelschweren bis schweren (300 g bis 360 g) Hopsack-Gewebe mit zwei seitlichen Rückenschlitzen, fallenden Revers, aufgesetzten Taschen und Knöpfen Ihrer Wahl*

Kombinieren lässt sich ein solcher Blazer zum Beispiel folgendermaßen:

Updressed: Blazer, hellblaues Hemd mit Umlegemanschetten, mittelgraue Flanellhose, schwarze Oxford-Schuhe, dunkelgraue Kniestrümpfe, marineblaue Seidenkrawatte mit weißen Polkadots und weißes Einstecktuch

Downdressed: Blazer, hellblaues Hemd aus Oxford-Gewebe mit Sportmanschetten, beigefarbene Chinos, braune Rauleder-Brogues, dunkelgrüne Kniestrümpfe, marineblaue Strickkrawatte, blau-weiß-grün kariertes Einstecktuch

——— *Interessante Adressen*

Einen Blazer bekommen Sie bei den meisten Herrenausstattern, die auch Anzüge im Angebot haben, von der Stange. Die passenden Adressen finden Sie im Kapitel Anzüge. Falls Sie sich gegen eine Maßanfertigung entscheiden, aber dennoch einen außergewöhnlichen Blazer oder eine Clubjacke erwerben wollen, seien Ihnen die folgenden Adressen empfohlen:

Ede & Ravenscroft
www.edeandravenscroft.co.uk

New & Lingwood
www.newandlingwood.com

Eine interessante Auswahl an Köpfen finden Sie bei:

Benson & Clegg
www.bensonandclegg.com

Mäntel

Der Mantel begleitet Sie auf dem Weg, sobald Sie Ihr Ziel erreicht haben, hat er seine Aufgabe erfüllt. Er hat Sie warm gehalten, vor Regen geschützt und Ihnen das angenehme, ja fast schon gemütliche Gefühl gegeben, von einer undurchlässigen Schicht Stoff umhüllt zu sein. In diesem Sinne ist jeder Mantel eine Schutzhülle. Dies sollte beim Kauf dringend beachtet werden. Ein modischer Mantel, der mehr Wert auf Äußerlichkeiten als Funktion legt, wird nie authentisch sein, geschweige denn seine Aufgabe erfüllen.

Grundlagen

Wie bereits erwähnt, ist der Mantel ein Begleiter für unterwegs. Er muss daher so bemessen sein, dass er Ihnen auch dann noch passt, wenn Sie darunter einen schweren Winteranzug tragen. Bezogen auf Ihre Konfektionsgröße müssen Sie also einen zu großen Mantel kaufen. Tragen Sie daher beim Kauf die Kleidung, über der Sie den Mantel später tragen wollen, und vergessen Sie Ihre Kleidergröße für einen Moment. Sie sollten den Mantel ohne große Mühe und ohne fremde Hilfe anziehen können.

Der nach der Anzugjacke bemessene Mantel ist auf den ersten Blick wenig flexibel, weil er nur mit der zuvor gewählten Garderobe getragen werden kann. Da Sie jedoch nicht nur den Mantel dem Wetter und dem Anlass entsprechend wählen, sondern auch den Rest Ihrer Garderobe, werden Sie nie in die missliche Situation kommen, Ihren Wintermantel nicht tragen zu können, weil Sie sich dazu entscheiden haben, ein kurzärmeliges Poloshirt anzuziehen. Einen leichteren Mantel, wie zum Beispiel den Trenchcoat, können Sie mit dem zugehörigen Gürtel auf den Rest der Garderobe anpassen. Der eventuell überschüssige Stoff fällt bei leichten Mänteln nicht so ins Gewicht, da sie nicht über aussteifende Einlagen verfügen und daher flexibler sind.

Achten Sie beim Kauf eines Mantels darauf, dass Sie nicht auf eine stilistische „Promenadenmischung" hereinfallen. Gerade die großen Kaufhäuser bieten eine Vielzahl von schlechten und verfälschten Interpretationen der Klassiker an. Dafür sollten Sie sich in keinem Fall entscheiden. Wenn Sie nicht wissen, was Sie kaufen wollen, kann ein Blick auf die Internetseiten klassischer Hersteller oder auch der Besuch der Internetpräsenzen von Maßschneidern bei der Modellfindung weiterhelfen.

——— *Qualität erkennen*

Britische Maßschneider bezeichnen die Anzugjacke nicht, wie man meinen könnte, als „Jacket", sondern als „Coat", also Mantel. Der Mantel von dem hier die Rede ist, firmiert unter dem Namen Overcoat; er ist also der Mantel über dem Mantel. Würde man die Länge und das Stoffgewicht reduzieren und ein paar Details ändern, wäre man bei dem angelangt, was wir als Jackett bzw. Anzugjacke bezeichnen. Vor diesem Hintergrund sind auch die Qualitätsansprüche an den Mantel die gleichen wie an Jackett oder Sportjacke. Neben den bereits in den Kapiteln über den Anzug und die Sportjacke erwähnten Merkmalen, gibt es noch einige Details, auf die Sie möglichst achten sollten.

Sowohl leichte Mäntel wie Slipon oder Trenchcoat, als auch schwere Modelle wie Chesterfield oder Greatcoat, sollten aus wind- und wasserundurchlässigen Stoffen ohne Kunstfasern gefertigt sein. Vor allem für Wintermäntel ist die Winddichte essenziell, wenn der Mantel Sie warm halten soll. Der schwerste Stoff wird Ihnen wenig helfen, wenn er zu durchlässig ist und Ihre Körperwärme einfach fortgeweht wird. Als Qualitätsbeweis finden Sie bestenfalls ein Label der Weberei im Mantel, die den Stoff produziert hat. Falls dem nicht so ist, gilt einmal mehr: Qualität hat ihren Preis. Ein Angebot, das zu günstig erscheint, um wahr zu sein, ist es meistens auch.

Es gibt viele Merkmale, an denen Sie gute Kleidung erkennen. Eines ist die Qualität der Materialien. Hier gilt eine Regel vor allen anderen und so gut wie ausnahmslos: bitte keine künstlichen Materialien! Dies gilt auch für die Knöpfe. Bei einem hochwertigen Mantel sollten sie aus Horn, Leder oder Metall gefertigt sein. Hornknöpfe lassen sich durch Färbung an jede Stofffarbe anpassen.

Covert Coat

Greatcoat

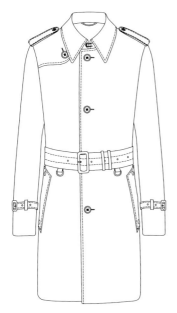

Trenchcoat

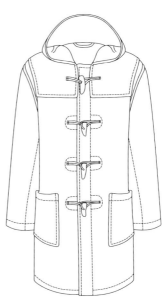

Dufflecoat

Crombie Coat

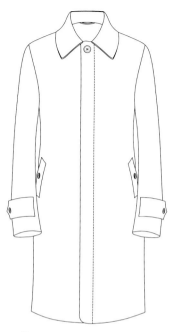

Slipon

Doppelreihiger Polocoat

Lodenmantel

——— Kaufempfehlung

Um Ihre Garderobe nicht aufzublähen, sollten Sie sich gut überlegen, für welche Anlässe Sie welchen Mantel benötigen. Für die Arbeit und formelle Anlässe sollte der Mantel groß genug sein, um einem Jackett Platz zu bieten. Der warme Freizeitmantel und der Trenchcoat sollten für einen dicken Pullover Raum lassen.

Unter Berücksichtigung dieser Umstände sind folgende Mäntel zu empfehlen:
- *Ein marineblauer, doppelreihiger Polocoat*
- *Ein Covert Coat (die Farbe des Samtkragens ist Ihren Vorlieben überlassen)*
- *Ein beigefarbener Trenchcoat oder Slipon*

Für weitere Anschaffungen steht Ihnen die Palette der klassischen Mantelmodelle offen, zum Beispiel:
- *Ein British Warm Overcoat (oder ein anderer Greatcoat)*
- *Ein Dufflecoat*
- *Ein Slipon*
- *Ein Lodenmantel*

Tipp: Auch wenn die genannten Modelle allesamt Designmerkmale besitzen, die sie zu ebendem machen, was sie sind, können Sie doch jedem Mantel Ihre eigene Note verleihen. Wählen Sie zum Beispiel einen dunkelroten Samtkragen für Ihren Covert Coat anstatt des üblichen braunen oder versehen Sie Ihren neuen Mantel mit einem speziellen Innenfutter. Oft sind es solche Details, die guten Stil transportieren. Zu bekommen sind sie freilich nur beim Maßschneider.

——— Interessante Adressen

Burberry
www.burberry.com
—

Cordings
www.cordings.co.uk
—

Crombie
www.crombie.co.uk

Mackintosh
www.mackintosh.com

> Jacken

Mit Jacken bringt man heute im Allgemeinen jene Hightech-Kleidungsstücke in Verbindung, die man landauf, landab in Fußgängerzonen und sogar beim abendlichen Theaterbesuch antreffen kann. Der Grund für ihre Popularität ist denkbar einfach: Sie sind unbestritten sehr praktisch, pflegeleicht und robust. Eines sind sie jedoch in der Regel nicht – schön. Die wenigen Ausnahmen, die die Regel bestätigen, schaffen es, die genannten Eigenschaften mit dem Anspruch von Schönheit und Zeitlosigkeit zu verbinden.

—— Grundlagen

Auf dem Land ist die Jacke ein nützlicher Begleiter bei den verschiedensten Aktivitäten, angefangen beim Spaziergang mit dem Hund über die Gartenarbeit bis hin zum Ausmisten des Pferdestalls. Aufgrund der Assoziation mit dem Landleben, ist die Jacke immer etwas weniger formell als ein Mantel. Dennoch hat sie den Weg vom Land in die Stadt gefunden und kann heute durchaus beim täglichen Pendeln zum Arbeitsplatz oder beim Einkaufsbummel getragen werden. Zu formellen Anlässen ist der Mantel dennoch der passendere Begleiter.

Bedenken Sie, in welcher Kombination die Jacke getragen werden soll, bevor Sie sich für ein Modell entscheiden. Beim täglichen Weg ins Büro werden Sie wahrscheinlich einen Anzug tragen, der unter der Jacke Platz finden muss. Benötigen Sie ein warmes Stück für den winterlichen Spaziergang, so werden Sie vielleicht einen schweren Wollpullover darunter tragen. Wenn Sie beim Kauf nicht das passende Kleidungsstück tragen, bitten Sie das Verkaufspersonal, Ihnen etwas Vergleichbares für die Anprobe zur Verfügung zu stellen.

Die Passform der Jacke richtet sich vor allem nach der Bestimmung. Wenn Sie nicht gerade auf der Suche nach einer neuen Jacke zum Fliegenfischen sind, die Ihnen nur bis zum Bauchnabel reicht, bedenken Sie, dass dieses Kleidungsstück in erster Linie dazu gedacht ist, Sie warm zu halten und vor den Unbilden der Witterung zu schützen. Der mütterliche Rat, dass das Gesäss bedeckt sein sollte, ist daher von Bedeutung.

Reefer-Jacket

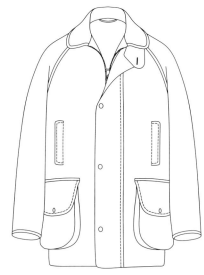

Tweedjacke

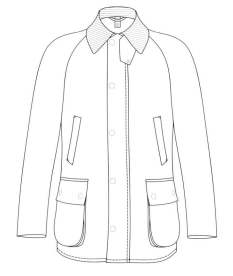

Barbourjacke

Steppjacke

───── Qualität erkennen

Die Qualität einer Jacke zeigt sich vor allem in der Verarbeitung von Details. Nähte, Reißverschlüsse, Druckknöpfe, Ösen und dergleichen müssen stabil mit dem Trägermaterial verbunden sein und den Ansprüchen an das Kleidungsstück genügen. Testen Sie die Robustheit, indem Sie die Beanspruchung simulieren: Ziehen Sie an Knöpfen, Reißverschlüssen und Nähten. Eine gut verarbeitete Jacke macht das mit. Da Jacken meistens einem bestimmten Zweck dienen, muss auch der Praxiswert stimmen. Eine Reitjacke etwa sollte zwei Schieber am Reißverschluss besitzen; der untere kann geöffnet werden, damit die Jacke über die Oberschenkel fällt, wenn man auf dem Pferd sitzt. Überlegen Sie sich vor dem Kauf in Ruhe, was Ihre persönlichen Anforderungen an das Kleidungsstück sind, und beurteilen Sie die Auswahl danach.

───── Kaufempfehlung

Aus der Masse der angebotenen Modelle stechen zwei Jacken heraus, die als klassisch gelten und daher in Ihrem Kleiderschrank nicht fehlen sollten.

▶ *Eine dunkelgrüne Wachsjacke der Firma Barbour (klassische Modelle sind: Bedale, Beaufort und Border)*
▶ *Eine grüne oder blaue Steppjacke (diese Jacke besteht zu 100 Prozent aus Kunstfasern und ist damit in Sachen Material die Ausnahme, die die Regel bestätigt)*

Diese beiden Jacken sind sowohl in der Stadt wie auch auf dem Land zu Hause. Vor allem die Barbourjacke ist der Joker Ihrer Garderobe und sollte eine Ihrer ersten Anschaffungen überhaupt sein. Denn sie ist ein wahrer Allrounder und nimmt eine Sonderstellung in der Welt der klassischen Bekleidung ein. Mit ihr falsch gekleidet zu sein, ist so gut wie unmöglich.

Eine weitere Anschaffung, die sich besonders für kalte Tage eignet, ist die Tweedjacke. Der „Field Coat" von Cordings ist ein klassischer Vertreter dieser Gattung.

Interessante Adressen

Barbour
www.barbour.com
—

Crombie
www.crombie.co.uk
—

Mackintosh
www.mackintosh.com

Cordings
www.cordings.co.uk
—

Lavenham Jackets
www.lavenhamjackets.com
—

The Merchant Fox
www.themerchantfox.co.uk

>

Hemden

Ursprünglich zur Unterwäsche gehörend, ist das Hemd heute ein selbstverständlicher Bestandteil der Oberbekleidung und ein wichtiger Begleiter des Anzugs. Die Farb- und Musterpalette ist überaus vielfältig und die Auswahl dementsprechend schwierig.

—— *Grundlagen*

Sie sollten immer Hemden mit langem Arm kaufen. Bei sehr warmem Wetter und wenn die Umstände es erlauben, können Sie die Ärmel einfach aufkrempeln. Diese Methode bietet Ihnen, neben dem dynamischeren Erscheinungsbild, vor allem mehr Flexibilität.

Ein gutes Hemd spart nicht an Stoff. Achten Sie darauf, dass sich die Vorder- und Rückseite des Hemdes im Schritt annähernd oder am besten ganz zusammenfassen lassen. Das Extra an Stoff sorgt dafür, dass Ihr Hemd da bleibt, wo es hingehört, nämlich in der Hose.

Der Grad der Spreizung des Kragens unterstreicht Ihre Gesichtsform. Wenn Sie ein langes und schmales Gesicht haben, dann wählen Sie einen eher weit gespreizten Kragen. Im umgekehrten Fall sollten die Kragenschenkel eher eng zusammenstehen. Diese Faustregel gibt Ihnen sozusagen die Starthilfe bei der Wahl der für Sie geeigneten Kragenform. Da ein harmonischer Gesamteindruck jedoch letztendlich wichtiger ist als die Wahl eines „korrekten" Details, sollte die Entscheidung über die passende Kragenform im Kontext mit Ihrer übrigen Kleidung getroffen werden.

Alle Knöpfe des Hemdes sollten geschlossen werden. Für den Knopf am Hemdkragen gilt Folgendes: Wenn Sie eine Krawatte tragen, ist er zu schließen; ohne Krawatte sollte der oberste Knopf allerdings offen bleiben.

Wenn nicht allgemein vereinbart, dann sollten Sie immer dann, wenn Sie einen Anzug oder ein Jackett tragen, die Jacke nicht einfach ablegen und „hemdsärmelig" umherlaufen. Diese Konvention ist ein letztes Überbleibsel aus der Zeit, in der das Hemd noch ein Unterhemd war.

Stilvolle Hemden sind grundsätzlich zu 100 Prozent aus natürlichen Materialien gefertigt. Auch geringe Anteile von synthetischen Fasern sind nicht erwünscht.

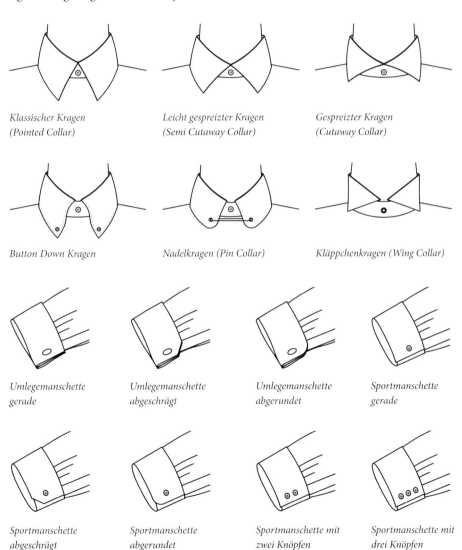

Klassischer Kragen
(Pointed Collar)

Leicht gespreizter Kragen
(Semi Cutaway Collar)

Gespreizter Kragen
(Cutaway Collar)

Button Down Kragen

Nadelkragen (Pin Collar)

Kläppchenkragen (Wing Collar)

Umlegemanschette
gerade

Umlegemanschette
abgeschrägt

Umlegemanschette
abgerundet

Sportmanschette
gerade

Sportmanschette
abgeschrägt

Sportmanschette
abgerundet

Sportmanschette mit
zwei Knöpfen

Sportmanschette mit
drei Knöpfen

Bei der Passform eines Konfektionshemdes sollten Sie auf folgende Dinge achten: Die Kragenweite und die Weite der Manschetten sind nachträglich kaum zu ändern und sollten daher bei der Beurteilung der Passform Priorität haben. Als Faustregel gilt: Bei geschlossenem Knopf am Kragen sollte nicht mehr als ein Fingerbreit zwischen Ihrem Hals und dem Kragen Platz finden. Die Manschetten sollten so bemessen sein, dass sie sich im geschlossenem Zustand nicht über die Hand ziehen lassen. Achten Sie darauf, dass die Spitzen des Hemdkragens auf der Brust aufliegen, besonders auch dann, wenn Sie eine Krawatte tragen.

Auch die Schulterpartie ist schwer anzupassen und sollte ebenfalls gut sitzen, was in diesem Fall heißt: Die Naht zwischen Schulterpasse und Arm sollte über Ihrem Schultergelenk liegen.

Ein weiteres Augenmerk sollten Sie auf die Armlänge und -weite sowie die Taille richten. Am schwierigsten anzupassen ist die Armweite, daher ist es am besten, wenn auch diese von Anfang an gut passt. Die Taille ist einfach anzupassen und muss darum nicht notwendigerweise die optimale Weite haben. Für ein gut sitzendes Hemd ist eine Änderung an dieser Stelle in den meisten Fällen nötig. Gleiches gilt für die Armlänge. Die Manschette sollte auf der Daumenwurzel enden und sich auch dann noch dort befinden, wenn Sie den Arm anwinkeln.

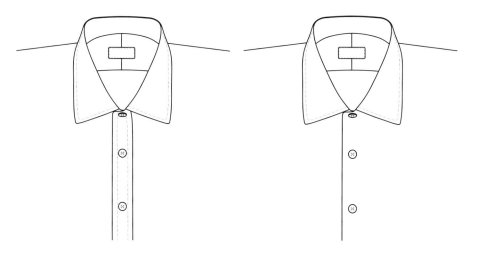

Hemd mit aufgesetzter Knopfleiste *Hemd mit einfacher Knopfleiste*

Die Manschette ruht grundsätzlich auf der Daumenwurzel.

Zwischen Hals und Kragen sollte nicht mehr als ein Fingerbreit Platz finden.

Die korrekte Armlänge

Die korrekte Kragenweite

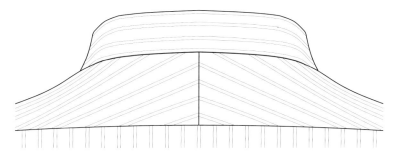

Die geteilte Rückenpasse mit sauberem Musterübergang ist vor allem bei Maßhemden zu finden. Hier macht sie Sinn, da nur so die beiden Schulterstücke separat angepasst werden können. Bei Konfektionshemden zeugt sie immerhin von einer gewissen Liebe zum Detail, die Qualität vermuten lässt.

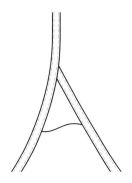

Gusset mit Doppelnaht

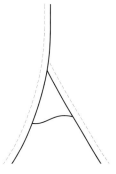

Gusset mit „Single Needle" Naht

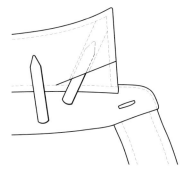

Hemdkragen mit herausnehmbaren Kragenstäbchen

—— Qualität erkennen

Ein hochwertiges Hemd sollte folgende Merkmale besitzen:

Einen präzisen Musterübergang an allen Nahtstellen und bei aufgesetzten Teilen wie Brusttaschen und Knopfleisten – Perlmuttknöpfe – sechs bis acht Stiche pro Zentimeter Naht – eine geteilte Rückenpasse – herausnehmbare Kragenstäbchen

Nur bei sehr aufwendig verarbeiteten Hemden finden Sie:

Eine dreieckige Verstärkung am unteren Ende der Seitennaht (im Englischen als „Gusset" bezeichnet) – handgenähte Knopflöcher – „Single Needle" Technik für alle Nähte (die Nähte werden in einem speziellen Verfahren gefertigt, bei dem eine Naht der Doppelnaht von Stoff überdeckt wird; dies ist arbeitsintensiv, hat aber den Vorteil, dass die Nähte schlanker erscheinen und nach dem Waschen nicht knittern).

—— Kaufempfehlung

Da Sie Hemden nach jedem Tragen waschen sollten, benötigen Sie eine entsprechende Anzahl, um die Abstände zwischen Ihren Waschtagen bzw. die Wartezeit auf die Reinigung zu überbrücken. Im Regelfall genügt es, mit fünf Hemden für die Wochentage plus zwei für das Wochenende zu starten. Bei Bedarf kommt noch ein Frack- und ein Smokinghemd hinzu.

Je weniger Hemden Sie besitzen, desto flexibler müssen Sie diese einsetzen. Es empfiehlt sich daher, zunächst die Farbe zu kaufen, die sich am besten kombinieren lässt, nämlich Blau. Ein helles Blau ist die perfekte Farbe für ein Hemd und ein genialer Allrounder, der fast allen Hauttypen schmeichelt und sich mit der klassischen Farbpalette sehr gut verträgt.

Kaufen Sie daher für die Arbeitswoche:
- ▸ *Ein hellblaues Hemd in „End on End" Webart mit Umlegemanschetten*
- ▸ *Ein hellblaues Hemd aus Popeline mit Sportmanschetten*

► *Ein weißes Hemd aus Popeline mit Umlegemanschetten*
► *Ein hellblaues Hemd aus Twill oder Herringbone Twill mit Umlegemanschetten*
► *Ein hellblaues Hemd aus Twill oder Herringbone Twill mit Sportmanschetten*

Für Wochenende und Freizeit kaufen Sie:
► *Ein hellblaues Hemd in Oxford Pinpoint Webart mit Button Down Kragen und Sportmanschetten*
► *Ein Tattersall-Check Hemd mit Sportmanschetten*

Für Frack und Smoking:
► *Ein weißes Hemd mit gefältelter oder mit Baumwollpiqué verstärkter Brustpartie und Umlegemanschetten*
► *Ein weißes Hemd mit gefältelter oder mit Baumwollpiqué verstärkter Brustpartie und einfachen Manschetten sowie einem abnehmbaren Kragen und einem „Wingtip-Collar"*
► *Zu beiden Hemden gehören ein Satz Knöpfe für die Brustpartie und die Manschetten*

Bei weiteren Anschaffungen empfiehlt es sich, Hellbau treu zu bleiben. Variieren Sie die Webstrukturen und greifen Sie zu dezenten bzw. klassischen Mustern wie zum Beispiel Bengal-Streifen oder kleinen Karos. Für das Wochenende können Sie die Farb- und Musterpalette erweitern. Alle Ihre Hemden sollten jedoch blasse Farbtöne aufweisen.

Tipp: Farbliche Akzente sind viel besser über die Variation Ihrer Krawatten und Einstecktücher als über die Hemdfarbe zu setzen.

——— *Interessante Adressen*

Bruli
www.bruli.com
—

Budd Shirtmakers
www.buddshirts.co.uk

Charvet
www.charvet.com
—

Emanuel Berg
www.emanuelberg.com

Emanuele Maffeis
www.emanuelemaffeis.it
—

Harvie & Hudson
www.harvieandhudson.com
—

Ignatious Joseph
www.ign-joseph.com
—

Turnbull and Asser
www.turnbullandasser.co.uk

Emma Willis
www.emmawillis.com
—

Hilditch & Key
www.hilditchandkey.co.uk
—

New & Lingwood
www.newandlingwood.com

>

Krawatten & Schleifen

Es gibt Menschen – in der Regel sind es diejenigen, die Krawatten und Schleifen verkaufen –, die glauben, anhand des Binders den Charakter des Trägers bestimmen zu können. Tatsächlich ist die Auswahl dessen, was Sie sich um den Hals binden, vor allem eine Frage Ihrer Vorlieben und damit in gewisser Weise auch ein Spiegel Ihrer Persönlichkeit. Ob Sie nun auf die am häufigsten zu findenden Binder aus Seide oder auf solche aus Wolle oder Mischgeweben zurückgreifen wollen, steht Ihnen frei. In jedem Fall bieten Krawatten und Schleifen eine Möglichkeit, das Outfit zu akzentuieren.

—— *Grundlagen*

Krawatten und Schleifen gelten als formelle Kleidungsstücke. Sie werden als Teil der Arbeits- bzw. Abendgarderobe betrachtet, und die meisten Männer würden nicht auf die Idee kommen, sie in der Freizeit zu tragen. Für das samstägliche Shopping oder einen entspannten Nachmittag in Ihrem Lieblingscafé sind sie wohl auch nicht die erste Wahl. Dennoch können Sie durchaus eine Schleife oder Krawatte zu einem legeren Outfit kombinieren. Modelle aus Wolle und Strickkrawatten sind hier passend.

Achten Sie darauf, dass die Spitze der Krawatte knapp über dem Hosenbund endet. Zu lang getragene Krawatten sehen immer etwas traurig aus, zu kurz getragene haben etwas Clownhaftes. Das hintere, schmale Ende der Krawatte sollte sich im Idealfall auf der gleichen Höhe wie das vordere Ende befinden. Wenn dies nicht gelingt, so ist es besser, wenn das schmale Ende etwas länger ist als das breite.

Die korrekte Breite einer Krawatte liegt zwischen sieben und neun Zentimetern an der breitesten Stelle. Das für Sie passende Maß richtet sich nach Ihrem Körperbau. Je schlanker Sie sind, desto schmaler sollte Ihre Krawatte ausfallen. Für eher beleibte Männer gilt die umgekehrte Regel.

Fertig gebundene Krawatten und Schleifen kommen nicht infrage. Dabei geht es nicht darum, Ihnen mehr Aufwand zu bereiten, sondern dem Outfit mehr Eleganz zu geben. Die kleinen Unregelmäßigkeiten, zu denen es kommt, wenn Sie beim Knoten selbst Hand anlegen, zeugen von Stilsicherheit und geben der Kleidung den notwendigen Charakter. Die Italiener nennen dies, frei nach Baldassare Castiglione, „Sprezzatura".

Ersparen Sie sich das umständliche Binden exotischer Krawattenknoten. Der sogenannte Four-in-hand-Knoten passt zu allen Kragenformen und ist praktischerweise auch der am einfachsten zu bindende Knoten. Der Schleifenknoten ist etwas komplizierter, aber auch kein Hexenwerk. Wenn Sie eine Anleitung suchen, so werden Sie im Internet zahlreiche Videos finden, die oft hilfreicher sind als eine Zeichnung.

Beim Binden der Schleife sollten Sie beachten, dass diese im fertig gebundenen Zustand ungefähr die Breite Ihres Halses hat. Zu schmal gebundene Exemplare wirken kümmerlich, mit zu breit gebundenen Schleifen haben Sie schnell Ähnlichkeit mit einer Pralinenschachtel.

Ein Hinweis zu Krawatten und Schleifen mit lustigen Motiven: Verzichten Sie darauf!

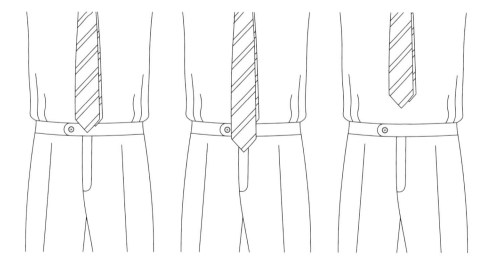

Die korrekte Länge der Krawatte   *Zu lang gebundene Krawatte*   *Zu kurz gebundene Krawatte*

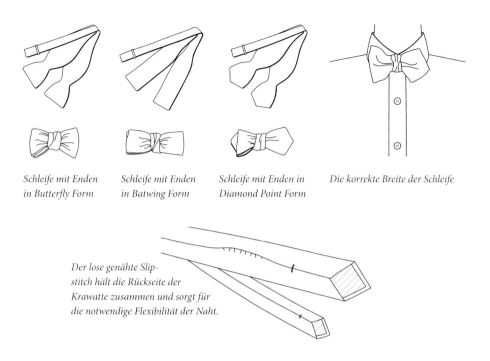

Schleife mit Enden in Butterfly Form

Schleife mit Enden in Batwing Form

Schleife mit Enden in Diamond Point Form

Die korrekte Breite der Schleife

Der lose genähte Slip-stich hält die Rückseite der Krawatte zusammen und sorgt für die notwendige Flexibilität der Naht.

Qualität erkennen

Wie bei Anzügen liegen auch bei Schleifen und Krawatten die Details, die Rückschlüsse auf die Qualität zulassen, meist unter Stoff verborgen. Sie müssen also beim Kauf dem glauben, was Sie sehen oder lesen können. Am besten ist es daher, sich für einen Händler oder Hersteller zu entscheiden, der für Qualität steht und dem Sie vertrauen können.

Gute Binder sind handgenäht. Dies erkennen Sie vor allem an den leicht unregelmäßigen Stichen in der rückseitigen Mittelnaht. Im Englischen heißt diese Naht „Slipstich". Sie gibt der Krawatte die notwendige Flexibilität, um die Strapazen des Bindens unbeschadet zu überstehen und nach dem Tragen wieder in ihre ursprüngliche Form zurückkehren zu können.

Ein weiteres Zeichen für Qualität ist die Verwendung des gleichen oder eines ähnlich hochwertigen Stoffes für Futter und Obermaterial. Zu sehen ist dies in den rautenförmigen Öffnungen an den rückseitigen Enden des Binders.

Die Anzahl der Faltungen ist ebenfalls ein Qualitätsmerkmal. Die Angabe Sevenfold, also sieben Falten, steht dabei für die höchste Qualitätsstufe. Krawatten mit diesem Label werden aus einem großen Stück Stoff gefertigt, welches gleichzeitig als Oberstoff und als Futter dient. Tatsächlich muss es sich bei dieser Technik aber nicht zwangsläufig um eine siebenfach gefaltete Krawatte handeln. Der Begriff ist heute eher mit „mehrfach gefaltet" zu übersetzen. Davon abgesehen ist es nur bedingt eine Qualitätsaussage, da man einen perfekten Binder auch mit einem hochwertigen eingepassten Futter herstellen kann. Ein großer Luxus ist es aber allemal. Herstellername und Preis sind jedoch die sichersten Indikatoren für Qualität. Bei der Firma Marinella in Neapel werden Sie keine minderwertige Ware finden. Gleiches gilt für Hersteller wie Hermès in Paris oder Drake's in London. Hochwertige Binder kosten mindestens 60 Euro.

—— *Kaufempfehlung*

Da Sie Ihre Krawatten und Schleifen vor allem in Verbindung mit einem Anzug tragen werden, sollten die ersten Binder, die Sie erwerben, auf Ihre vorhandenen Anzüge und die noch anzuschaffenden Exemplare abgestimmt sein. Dabei sind nicht nur die Farbgebung und das Muster zu berücksichtigen, sondern auch die Oberflächenstruktur. Raue, grob gewebte oder gestrickte Krawatten können angenehme Kontraste zum feineren Stoff des Anzuges bieten. Auch in umgekehrter Richtung funktioniert dieser Kontrast gut. Zu Flanell oder Tweed ist eine Seidenkrawatte bestens geeignet.

Folgende Modelle bilden eine gute Grundlage für Ihre Garderobe:
- ► *Eine dunkelblaue Seidenkrawatte mit weißen Punkten (engl. Polkadots)*
- ► *Eine dunkelblaue Strickkrawatte aus Seide*
- ► *Eine weinrote Wollkrawatte*
- ► *Eine dunkelgrüne grob gewebte Seidenkrawatte mit weißen Querstreifen oder Polkadots*
- ► *Eine mittelbraune Strickkrawatte aus Seide*
- ► *Eine schwarze Seidenschleife aus Satin*

Tipp: Mit etwas Übung werden Sie recht schnell die richtigen Griffe für das Binden der Krawatte beherrschen. Das Soll haben Sie damit erfüllt. Es sind jedoch die Klei-

nigkeiten, welche den Unterschied ausmachen. Versuchen Sie daher, beim Binden der Krawatte ein kleines Grübchen, den sogenannten Dimple, unterhalb des Krawattenknotens zu erzeugen. Unter Kennern gilt dies als guter Stil.

Krawattenknoten mit Dimple *Krawattenknoten ohne Dimple*

 ## Interessante Adressen

Bigi Milano
www.bigicravatte.it

—

Drake's
www.drakes-london.com

—

Hermès
www.hermes.com

—

Passaggio Cravatte
www.passaggiocravatte.com

—

Shibumi
www.shibumi-berlin.com

Blick
www.blick.it

—

Edsor
www.edsor.de

—

Marinella Napoli
www.marinellanapoli.it

—

Peckham Rye
www.peckhamrye.com

Schuhe

Für einen guten Auftritt sind hochwertige Schuhe, nicht nur im wörtlichen, sondern auch im übertragenen Sinne, eine unverzichtbare Investition. Die teuerste und beste Maßkleidung wird billig wirken, wenn sie durch ein minderwertiges Paar Schuhe ergänzt wird. Andererseits kann ein eher durchschnittliches Outfit durch ein hochwertiges Paar rahmengenähter Schuhe erheblich aufpoliert werden.

——— Grundlagen

Die wohl bekanntesten Regeln in Bezug auf das Schuhwerk sind „No brown after six" und „No brown in Town". Genau diese Regeln sind jedoch überkommen und die zweite galt vor allem in Bezug auf "den Town" – nämlich London.

Der Schuh sollte zum Anlass passen. Je formeller dieser ist, desto dunkler sollten die Schuhe sein. Für einen Abend im Theater sind mit Sicherheit ein Paar schwarze Oxfords angebracht. Falls Sie einen Smoking tragen, sollte dieser – wenn auch nicht zwingend – von einem Paar schwarzer Lackschuhe begleitet sein. Ein dunkelbraunes Paar Loafer eignet sich gut für einen abendlichen Kinobesuch.

Ihre Schuhe sollten stets gut gepflegt sein. Das beinhaltet nicht nur das regelmäßige Putzen, sondern auch das Ersetzen abgelaufener Sohlen und Absätze.

Vermeiden Sie zu starke Farbkontraste zwischen Hose, Socken und Schuhen. Schwarzes Leder passt zu Nachtblau, Navyblue und dunklem Grau. Braunes Leder passt, in seinen diversen Farbabstufungen, zu allen klassischen Farben und ist damit vielseitiger als Schwarz.

Ihre Schuhe sollten nach dem Tragen immer die Möglichkeit bekommen, für mindestens 24 Stunden auf einem hölzernen Schuhspanner zu ruhen. In dieser Zeit kann die im Leder angesammelte Feuchtigkeit wieder entweichen und die Form des Schuhs kann sich stabilisieren.

Neben Boots, Loafern und Monkstraps unterscheidet man zwischen Oxford- und Derby-Schuhen. Die Modelle definieren sich im Wesentlichen durch die Art ihrer Schnürung. Ein Oxford hat immer eine geschlossene Schnürung, während ein Derby immer offen geschnürt ist.

Die im Folgenden beschriebenen Schuhe stellen eine Übersicht der klassischen Modelle und ihrer Einsatzmöglichkeiten dar.

Der Oxford

Der Straight-Cap Oxford mit einfacher Ledersohle ist der formellste aller Herrenschuhe. In Schwarz ist er der passende Begleiter zu formeller Arbeitskleidung. Poliert und mit Seidenschnürsenkeln versehen, kann er auch zum Smoking getragen werden. Das wesentliche Erkennungsmerkmal eines Oxford-Schuhs ist die geschlossene Schnürung. Dabei ist es egal, ob der Schuh ohne Verzierung auskommt oder über ein Lochmuster entlang der Nähte und auf der Schuhspitze verfügt. Im letzteren Fall handelt es sich um das sogenannte Brogueing. Je nach Form des Brogueing wird der Oxford zu einem Full-Brogue- oder Semi-Brogue Oxford. Bei einem Full-Brogue ist die Kappe des Schuhs geschwungen und läuft spitz auf die Schnürung zu. Im Unterscheid dazu schließt die Kappe eines Semi-Brogue gerade ab.

Boots

In diese Kategorie fallen Schuhe, die über dem Knöchel enden. Boots (engl. Stiefel) gibt es in diversen Ausführungen, sowohl mit als auch ohne Schnürung und auch mit Schnallenverschluss. Boots sind als Oxford-Modell – also mit geschlossener Schnürung – und auch als Derby mit offener Schnürung erhältlich. Modelle mit beidseitigen, elastischen Einsätzen werden als Chelsea Boots bezeichnet, Stiefel mit Schnallen hingegen als Jodhpur. Da Stiefel vor allem im 17. und 18. Jahrhundert zur formellen Garderobe getragen wurden, sind schlichte Modelle auch heute noch in einem eher formellen Umfeld zwar außergewöhnlich, aber dennoch passend.

Der Derby

Als Derby werden alle Halbschuhe mit offener Schnürung bezeichnet. Da diese Art der Schnürung weniger förmlich ist, werden Derby-Modelle gerne zu Freizeitkleidung und auf dem Lande getragen. Ein schwarzes, unverziertes Modell ist heute aber auch zur Arbeitskleidung erlaubt. Als informeller Schuh wird der Derby oft als Full- oder Semi-Brogue Modell in Verbindung mit Rau- oder Grainleder angeboten. Als Schlechtwetterschuh ist er auch mit Gummisohlen erhältlich.

Der Loafer

Halbschuhe, die ohne Schnürsenkel auskommen und auch keine Schnalle besitzen, werden als Loafer bezeichnet. Loafer waren lange Zeit nur in den USA und dort vor allem an den Eliteuniversitäten der Ivy-League beliebt. Der Schuh ist aber mittlerweile auch in Europa angekommen und wird von allen namhaften Herstellern produziert. Im Wesentlichen unterscheidet man bei den Loafern zwischen dem Tasselloafer und dem Pennyloafer. Der letztgenannte hat seinen Namen wegen der Angewohnheit einiger Ivy-League-Studenten erhalten, einen Penny in den Schlitz im Schaftriegel zu stecken. Der Tasselloafer besitzt anstelle des Schaftriegels zumeist ein um den Einschlupf laufendes Lederband, welches auf dem Vorderschuh mit Zierquasten endet. Dieses Detail verrät, dass der Loafer ein Verwandter des Mokassins ist und daher eher als informeller Schuh gilt.

Der Monkstrap

Der Schnallenschuh ist in Schwarz eine gute Alternative zum Oxford, da auch er als eher formell betrachtet wird. Bei diesem Modell werden die Schnürsenkel durch eine Metallschnalle ersetzt, welche einen über den Rist verlaufenden Lederriemen an der Außenseite des Schuhs fixiert. Modelle mit zwei, zumeist kleineren Schnallen, werden als Double Monk bezeichnet. Aus braunem Glatt- oder Rauleder gefertigt, sind Monkstraps gute Freizeitschuhe.

Bootsschuhe & Mokassins

Als klassische Freizeitschuhe haben Bootsschuhe und Mokassins in der formellen Garderobe keinen Platz. Für das Wochenende und die Freizeit sind sie jedoch genau das Richtige. Im Unterschied zu allen vorgenannten Schuhen haben Bootsschuhe und Mokassins keine Absätze, sondern eine durchlaufende Sohle. Abgesehen von der durchlaufenden Sohle unterscheiden sich diese Sommerklassiker auch dadurch, dass sie die einzigen klassischen Herrenschuhe sind, die nicht rahmengenäht werden und trotzdem als qualitativ hochwertig eingestuft werden können. Die weniger robuste Konstruktion spiegelt sich allerdings in ihrer geringeren Lebensdauer wider.

Straight-Cap Oxford

Semi-Brogue Oxford

Semi-Brogue Oxford

Full-Brogue Oxford

Chelsea Boot

Jodhpur

Straight-Cap Derby

Semi-Brogue Derby

Semi-Brogue Derby mit Doppelsohle

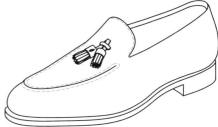

Tasselloafer

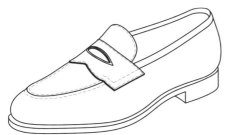

Pennyloafer

Monkstrap

Double Monk

Bootsschuh

Mokassin

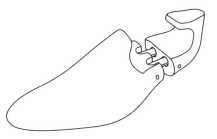

Schuhspanner aus unbehandeltem Holz

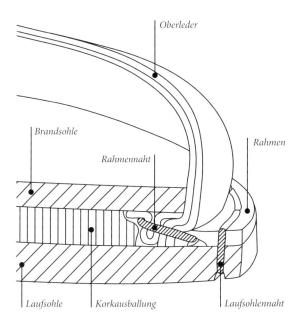

Oberleder

Brandsohle

Rahmennaht

Rahmen

Laufsohle   *Korkausballung*   *Laufsohlennaht*

Schnitt durch die Schuhspitze eines rahmengenähten Schuhs

Bei der geschlossenen Schnürung werden die mit der Schnürung versehenen Schaftteile unter das Vorderblatt des Schuhs genäht.

Bei der offenen Schnürung werden die mit der Schnürung versehenen Schaftteile auf das Vorderblatt des Schuhs genäht.

——— Qualität erkennen

Die Qualität eines Schuhs wird durch zwei wesentliche Faktoren bestimmt: die Hochwertigkeit der verwendeten Materialien und die Konstruktion. Ein guter Schuh ist immer rahmengenäht und im Regelfall aus Kalbs- oder Pferdeleder gefertigt. Gerade die Qualität des Leders ist oft schwer zu bestimmen. Wesentlich einfacher ist es da, einem beinahe untrüglichen Hinweis zu vertrauen, nämlich dem Preis. Ein guter, rahmengenähter Schuh kostet mindestens 400 Euro. Für diesen Preis erhalten Sie einen soliden Schuh, bei dem man davon ausgehen kann, dass er gut verarbeitet ist und ein hochwertiges Leder verwendet wurde. Für einen Schuh aus Pferdeleder (engl. Cordovan) müssen Sie bereit sein, mindestens das Doppelte zu investieren.

Ob ein Schuh goodyear welted (zu Deutsch rahmengenäht) ist, können Sie herausfinden, indem Sie das Oberleder direkt über der Sohle vorsichtig eindrücken. Lässt es sich ganz auf die Innensohle drücken, ist der Schuh nicht rahmengenäht. Können Sie aber einen Widerstand ertasten, dann handelt es sich um die sogenannte Risslippe (also den Rahmen), an der Sohle und Oberleder vernäht sind.

—— *Kaufempfehlung*

Die Anzahl der benötigten Paare hängt nicht nur von Ihrem Bedarf, sondern auch von den notwendigen Tragepausen ab. Diese mit eingerechnet sollten Sie folgende Modelle anschaffen:

Wenn Sie überwiegend formelle Garderobe tragen:
▶ *Einen klassischen schwarzen Straight-Cap Oxford mit einfacher Ledersohle (Arbeit und abendliche Anlässe)*
▶ *Einen schwarzen Chelsea Boot mit einfacher Ledersohle oder einer Dainite Rubber Sole" (Arbeit und Freizeit)*
▶ *Alternativ zum Chelsea Boot einen schwarzen Monkstrap mit oder ohne Kappe und mit einfacher Ledersohle. (Arbeit und Freizeit)*
▶ *Einen klassischen dunkelbraunen Straight-Cap Oxford mit einfacher Ledersohle (Freizeit und wenn möglich Arbeit)*
▶ *Einen mittelbraunen Penny- oder Tasselloafer mit einfacher Ledersohle (Freizeit)*
▶ *Einen braunen Bootsschuh (Freizeit)*

Wenn Sie überwiegend informelle Garderobe tragen:
▶ *Einen klassischen schwarzen Straight-Cap Oxford mit einfacher Ledersohle (Arbeit und abendliche Anlässe)*

- Einen mittelbraunen Chelsea Boot mit einfacher Ledersohle oder einer „Dainite Rubber Sole (Freizeit und wenn möglich Arbeit)
- Alternativ zum Chelsea Boot einen dunkelbraunen Rauleder Full-Brogue Derby mit einfacher Ledersohle oder einer „Dainite Rubber Sole" (Freizeit und wenn möglich Arbeit)
- Einen klassischen dunkelbraunen Straight-Cap Oxford mit einfacher Ledersohle (Freizeit und wenn möglich Arbeit)
- Einen mittelbraunen Penny- oder Tasselloafer mit einfacher Ledersohle (Freizeit)
- Einen braunen Bootsschuh (Freizeit)

Gute Schuhe sind nicht billig zu haben. Doch wenn Sie das erste Paar rahmengenähte Schuhe Ihr Eigen nennen, werden Ihnen die weiteren Anschaffungen leichter fallen. Schließlich wissen Sie dann, dass Sie eine gute Investition tätigen, die Ihnen über viele Jahre Freude machen wird. Seien Sie jedoch gewarnt – es besteht Suchtgefahr! Die bekannten Hersteller bieten eine große Palette klassischer Modelle an und fertigen auch auf Maß. Wenn Sie erst einmal auf den Geschmack gekommen sind, kann das Schuhesammeln schnell zu einem teuren Hobby werden.

——— Interessante Adressen

Alden
www.aldenshoe.com
—

Alfred Sargent
www.alfredsargent.co.uk
—

Cheaney
www.cheaney.co.uk
—

Crockett & Jones
www.crockettandjones.com
—

Eduard Meier
www.edmeier.de
—

Edward Green
www.edwardgreen.com
—

Foster & Son
www.foster.co.uk

Gaziano & Girling
www.gazianogirling.com

Grenson
www.grenson.co.uk

—

J. M. Weston
www.jmweston.com

—

Ludwig Reiter
www.ludwig-reiter.com

—

Sperry Topsider
www.sperrytopsider.com

—

Quoddy
www.quoddy.com

G. J. Cleverley & Co
www.gjcleverley.co.uk

—

John Lobb
www.johnlobbltd.co.uk

—

Salvatore Ferragamo
www.ferragamo.com

—

Tricker's
www.trickers.com

>

Strickwaren

Wenn man Kleidungsstücke Wochentagen zuordnen müsste, würden Strickwaren mit ziemlicher Sicherheit den Samstagen und Sonntagen vorbehalten sein. Das Wochenende bietet die Gelegenheit, auszuschlafen und beim Bäcker um die Ecke frische Brötchen zu kaufen. Auf dem Weg dorthin ist Ihr Lieblingssweater oder der bequeme Cardigan der Begleiter der Wahl. Gleiches gilt für den Besuch im Café und für die Party am Abend. Je nachdem, was Sie zu Sweater, Slipover oder Cardigan tragen, kann der Ausdruck Ihres Outfits von sehr lässig bis fast schon formell reichen. Diese große Bandbreite ermöglicht es Ihnen sogar, ein Stück Wochenende, zum Beispiel in Form eines fein gestrickten Slipover, den Sie unter Ihrem Jackett tragen, in den Büroalltag zu retten.

——— *Grundlagen*

Da es sich bei den meisten Strickerzeugnissen um Kleidungsstücke handelt, die in einem informellen Kontext getragen werden, halten sich die Konventionen in überschaubaren Grenzen. Ein paar Hinweise sind hier dennoch angebracht.

Grundsätzlich sollte Ihre Kleidung Sie nie einschränken. Im Speziellen gilt dies für Strickwaren. Es liegt in der Natur der Sache, dass ein bequemes Kleidungsstück Ihnen Bewegungsfreiheit und ein angenehmes Tragegefühl geben sollte. Von eng anliegenden Schnitten ist daher abzuraten. Dies soll nicht heißen, dass Ihre nächsten Anschaffungen zwei Kleidergrößen über Ihrer eigentlichen Konfektionsgröße liegen. Kaufen Sie Sweater und dergleichen so, dass Sie Ihnen an den wichtigen Stellen wie beispielsweise der Brustpartie und den Armlöchern ausreichend Bewegungsfreiheit bieten.

Strickwaren gibt es in vielen unterschiedlichen Qualitäten. Dabei gilt: Je gröber der Strick, desto informeller der Eindruck. Sehr grob gearbeitete Modelle wie der Pullover der britischen Armee sind für Aktivitäten auf dem Land bestens geeignet. Im Büro würden Sie damit keine gute Figur abgeben. Es sollte sich daher eine gute Auswahl an Strickwaren, und zwar von fein bis grob gestrickt, in Ihrem Kleiderschrank befinden.

Was für die Grobheit des Materials gilt, ist auch auf Muster anzuwenden. Starke und lebhafte Muster wie das beliebte „Fair Isle" Muster sind hervorragende Begleiter auf dem Lande, wo sie mit den Strukturen der Natur harmonieren. In der Stadt wirken sie dagegen schnell deplatziert. Ein guter Mix von unigefärbten bis hin zu stark gemusterten Modellen ist daher empfehlenswert.

Unter dem Jackett getragen, ist der Slipover – also der ärmellose Pullover – die beste Wahl. Der Ärmel eines Pullovers würde die Ärmel des Jacketts zu sehr ausstopfen, was unbequem wäre und Sie etwas „aufgeblasen" dastehen ließe. Da es sich empfiehlt, in dieser Kombination eine Krawatte zu tragen, sollten Ihre Slipover einen V-Ausschnitt besitzen. Für Sweater ist, da sie oft ohne Krawatte getragen werden, ein Rundausschnitt (engl. Crewneck) besser geeignet. Er hält den Hemdkragen in Position und verdeckt das beim V-Ausschnitt von der Krawatte abgedeckte Stück des Hemdes.

Gerade bei wärmeren Temperaturen sind Strickwaren aus Baumwolle beliebt. Im Prinzip spricht nichts dagegen, solche Stücke zu erwerben. Jedoch mangelt es Baumwolle an Formstabilität, weshalb Sie besser auf Mischgewebe zurückgreifen sollten. Vor allem Mischungen aus Baumwolle und Seide oder Leinen eignen sich gut.

Synthetikfasern haben in Strickwaren absolut nichts zu suchen. Aussagen wie „Das verbessert die Haltbarkeit …" oder „So bleibt das gute Stück in Form …" sind lediglich Verkaufstricks, auf die Sie nicht hereinfallen sollten.

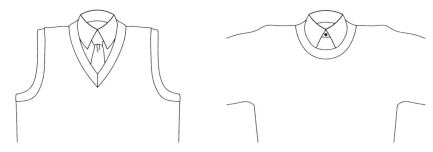

Slipover mit V-Ausschnitt   *Pullover mit Rundausschnitt*

Klassischer Pullover mit Rundausschnitt

Klassischer Pullover mit V-Ausschnitt

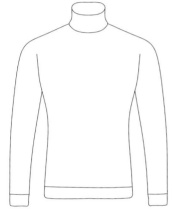

Rollkragenpullover

Der Guernsey mit Boat-Neck-Ausschnitt

Der British Army Sweater mit den typischen Patches an Schultern und Armen

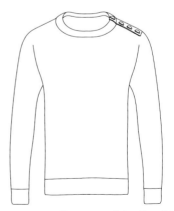

Der Breton – ein Pullover mit seitlicher Knopfleiste

Der Slipover, auch Pullunder genannt

Die klassische Strickweste

Die klassische Strickjacke

Die Strickjacke mit Schalkragen

——— *Qualität erkennen*

Beim Thema Qualität denkt man im Zusammenhang mit Strickwaren unweigerlich an Kaschmir. Tatsächlich ist Kaschmir eine sehr edle Wolle und dementsprechend hochpreisig. Doch auch bei Kaschmir gibt es mindere Qualitäten, etwa wenn die Wolle aus aufbereiteten Produktionsresten und kurzen Haarbestandteilen gesponnen wurde. Solche Waren neigen dazu, schnell zu verschleißen und an beanspruchten Stellen unschöne Knötchen zu bilden. Gute Qualität hat, wie immer, ihren Preis. Ein Kaschmirsweater für weniger als 200 Euro kann bestenfalls durchschnittlich sein.

Bei Merino- und Lammwolle ist der Hang der Industrie zum Pfuschen etwas weniger groß, da die verwendeten Rohstoffe in größeren Mengen als beim Kaschmir vorhanden sind. Dennoch sollten Sie auch hier auf das Etikett achten. „Pure New Wool", das sogenannte Wollsiegel, ist ein Hinweis, der auf hochwertiger Ware zu finden ist.

Bei der Verarbeitung gibt es zwei maßgebende Techniken. Die arbeitsintensivere und damit teurere der beiden ist das Stricken in einem Stück (engl. fully fashioned). Einfacher und deutlich schneller ist es, Meterware zuzuschneiden und zu vernähen (engl. cut and sewn). Die letztere der beiden Methoden ist die geläufigere und wird auch von Qualitätsherstellern genutzt. Vorausgesetzt die Nähte sind sorgfältig ausgeführt, kann man beide Varianten empfehlen, wobei die erstgenannte die exklusivere bleibt.

—— *Kaufempfehlung*

Als Grundausstattung sollten Sie folgende Modelle anschaffen:
- ► *Einen dunkelblauen Sweater aus mittelgrob gestrickter Wolle mit Rundhalsausschnitt*
- ► *Einen hellbraunen oder beigefarbenen Sweater aus mittelgrob gestrickter Wolle mit Rundhalsausschnitt*
- ► *Einen grauen Sweater aus mittelgrob gestrickter Wolle mit Rundhalsausschnitt*
- ► *Einen dunkelgrünen British Army Sweater*
- ► *Einen ecrufarbenen Aran oder Cable-Knit Sweater*
- ► *Einen dunkelblauen fein gestrickten Slipover aus Kaschmir oder Merinowolle mit V-Ausschnitt*
- ► *Einen grauen fein gestrickten Slipover aus Kaschmir oder Merinowolle mit V-Ausschnitt*

Für weitere Anschaffungen sollten Sie sich neben Sweatern auf die hier nicht aufgeführten Modelle wie Strickjacke und -weste sowie gestrickte Poloshirts mit langem Arm verlegen. Klassische Farben und Muster sind auch hier angebracht, wobei ein farblicher Akzent, beispielsweise in leuchtendem Grün oder in Orange, die Palette sinnvoll ergänzen kann.

Tipp: Ein schönes und praktisches Detail bei Sweatern sind Umlegebündchen. Schön sind diese, weil sie dem Outfit ein Extra an Material und damit eine gewisse Üppigkeit geben, die gerade an kalten Tagen den „gefühlten" Komfort erhöht. Praktisch sind sie, weil das mehr oder weniger weite Aufkrempeln eine genaue Justierung der Armlänge ermöglicht.

Interessante Adressen

Anderson & Sheppard, Clifford Street
www.anderson-sheppard.co.uk

—

John Smedley
www.johnsmedley.com

—

Manufactum
www.manufactum.de

—

Trunk Clothiers
www.trunkclothiers.com

—

Wolsey
www.wolsey.com

Drake's
www.drakes-london.com

—

Ladage & Oelke
www.ladage-oelke.de

—

Scott & Charters
www.scottcharters.com

—

William Lockie
www.williamlockie.com

Polo- & Rugbyshirts

Das Polo- wie auch das Rugbyshirt sind ursprünglich speziell für den sportlichen Einsatz konzipiert worden. Doch was als Sportkleidung begann, hat sich zu einem beinahe unverzichtbaren Bestandteil der klassischen Garderobe entwickelt. Dass als Material zumeist Baumwolle zum Einsatz kommt, verweist auf die Herkunft dieser beiden robusten und pflegeleichten Kleidungsstücke. Für Sportkleidung ist Baumwolle aufgrund ihrer feuchtigkeitsabsorbierenden Eigenschaften bestens geeignet. Das Rugbyshirt wird daher auch als Sweatshirt, also „Schweißhemd" bezeichnet. Auch wenn die deutsche Übersetzung des Wortes wenig einladend klingt, so sind doch sowohl das Polo- wie auch das Sweatshirt sehr bequeme Freizeitkleidungsstücke, die in einem gut sortierten Kleiderschrank nicht fehlen sollten.

——— Grundlagen

Bezogen auf die Sportart, für die es erfunden wurde, müsste das Poloshirt eigentlich „Tennisshirt" heißen. Das eigentliche Poloshirt, das zu ebenjenem Spiel getragen wurde, stand zwar Pate für das „Tennisshirt", hat aber damit eigentlich nicht sonderlich viel gemeinsam. Heute wird das Poloshirt, wie wir es kennen, sowohl von Polo- wie auch von Tennisspielern getragen und natürlich noch von vielen Männern und in diesem Fall auch Frauen, die im Zweifelsfall mit Sport nicht viel im Sinn haben. Als Tenniskleidung ist das klassische Poloshirt weiß. Da man beim Polospiel zwei Mannschaften voneinander unterscheiden können muss, sind die Polos dort farbig. Sie können sich aus beiden Welten nach Herzenslust bedienen und eine Palette verschiedenfarbiger Shirts anschaffen. Gerade beim Poloshirt wäre es schade, wenn Sie sich nur mit dem klassischen Weiß begnügen würden.

Auch das Rugbyshirt wird im Sport als Mannschaftskleidung verwendet und ist daher genau wie das Poloshirt in einer Vielzahl von Farbvarianten erhältlich. Sie können also auch beim Rugbyshirt getrost auf kräftige Farben setzen. Klassisch sind breite Querstreifen in Kontrastfarben.

Wenn Sie nicht gerade einem Verein angehören, dessen Logo oder Ähnliches sie zeigen möchten, sollten Sie von allzu expressiven Aufdrucken und Stickereien auf Ihrem Polo- oder Rugbyshirt absehen. Die momentane Tendenz der Hersteller, Phantasiewappen und -logos auf Shirts zu applizieren, ist jener Kundschaft geschuldet, die gerne zu Übertreibungen neigt. Noch schlimmer sind da nur pseudomilitärische „Rangabzeichen" und Sprüche oder Schlagworte, die eine, nicht vorhandene, Assoziation zu einem altehrwürdigen Verein oder Club herstellen sollen. Lassen Sie besser die Finger von solchen Möchtegernshirts und setzen Sie stattdessen auf Muster oder kontrastierende Bänder an Kragen und Bündchen.

Die ursprünglichen Polo- und Rugbyshirts waren eher weit geschnitten. Einige Hersteller haben diese weite Passform noch immer im Sortiment. Da es sich aber um sportliche Kleidungsstücke handelt, sollten Sie heute eher etwas enger am Körper geschnittene Modelle wählen. Vermeiden sollten Sie auch ein zu weites Bündchen bei Poloshirts. Hier sollte das Bündchen am Ärmel Ihren Bizeps eng anliegend umschließen. Wenn Sie fleißig trainiert haben, sollten Sie keine Probleme beim Kauf eines passenden Shirts haben; wenn nicht, kann ein schlabbriges Bündchen auch von einem Schneider korrigiert werden.

Da sowohl das Polo- wie auch das Rugbyshirt einen Kragen besitzen, wirkt man mit beiden viel „angezogener" als mit einem einfachen T-Shirt. Dennoch sind beide Shirts nichts für ein formelles Outfit oder eine konservative Arbeitsgarderobe. Die Zeiten, in denen eine Kombination aus Chino und Poloshirt auch in Bankenkreisen als passender Casual-Friday-Look galt, neigen sich ebenfalls dem Ende entgegen. In einem weniger formellen Umfeld kann aber eine Kombination aus langärmeligem Poloshirt und Jackett durchaus als Arbeitskleidung durchgehen. Das Poloshirt sollte dann aber aus einem Woll- oder aus einem Mischgewebe aus Baumwolle und Wolle oder Seide bestehen. Der Farbton sollte in diesem Fall eher gedeckt sein.

Das klassische einfarbige Poloshirt mit kurzem Arm

Das klassische einfarbige Rugbyshirt

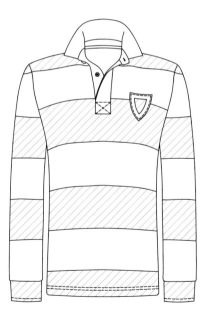

Das Rugbyshirt mit Streifen in den Farben von Vereinen oder Universitäten

Rugbyshirt mit „Spielernummer"

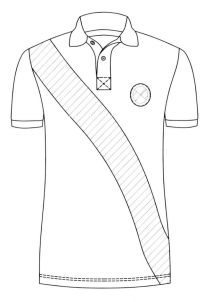

Poloshirt mit kurzem Arm und farblich abgesetzter „Schärpe"

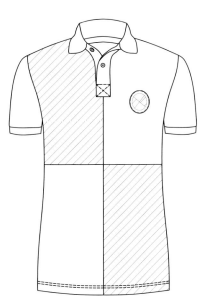

Poloshirt mit kurzem Arm und farbigem Schachbrettmuster

Poloshirt mit „Spielernummer"

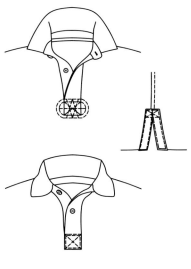

Sowohl bei Polo- wie auch bei Rugbyshirts werden die Knopfleisten und Seitennähte mit zusätzlichen Stofflagen und Nähten verstärkt.

──── *Qualität erkennen*

Der klassische Stoff für ein Poloshirt ist Baumwollpiqué. Die „Waffelstruktur" ist charakteristisch für diesen Stoff. Die spezielle offenporige Webart des Stoffes sorgt dafür, dass die von der Baumwolle aufgenommene Feuchtigkeit schnell wieder abgegeben werden kann. Piquéstoffe gibt es in unterschiedlichen Gewichten. Auch wenn sehr leichte Stoffe gut für den Sommer geeignet sind, so sollten Sie letztendlich doch eher auf die mittelschweren bis schweren Stoffe zurückgreifen. Diese sind vor allem im Bereich der Nähte wesentlich haltbarer als leichte Piquégewebe, die durch das enge Vernähen manchmal regelrecht zerstochen werden.

Rugbyshirts werden im Allgemeinen aus schwerem Baumwolljersey hergestellt. Dieser Stoff gibt Feuchtigkeit zwar nicht so gut ab wie Baumwollpiqué, ist dafür aber erheblich reißfester. Da es beim Rugby bekanntlich nicht gerade zimperlich zugeht, ist die höhere Reißfestigkeit von Bedeutung. Traditionell gefertigte Shirts sind vor diesem Hintergrund auch mit verstärkten Nähten ausgestattet. Für einen authentischen Look sollten Sie daher auch auf Verstärkungen im Bereich der Knopfleiste und der Seitennaht achten. Qualitativ hochwertige Shirts zeichnen sich durch eine aufgeraute Innenseite des Stoffes aus, die sich auf der Haut angenehm anfühlt.

Sowohl bei Polo- wie auch bei Rugbyhirts sollten Sie darauf achten, dass vorhandene Stickereien und Aufnäher auf der Innenseite des Shirts mit einer Gaze hinterlegt sind. Fehlt diese, so scheuern die harten Nähte der Applikationen auf der Haut.

Bei aufwendig verarbeiteten Poloshirts finden Sie konstruierte Krägen. Diese sind, im Gegensatz zu den üblichen einfachen Krägen aus Rippenstoffen, wie ein Hemdkragen aus mehren Teilen zusammengesetzt und damit formstabiler. So ausgestattete Shirts weisen oftmals auch einen besseren Schnitt auf, bei dem die Nähte sauber über die Schultern laufen und sich keine unschönen Falten im Nacken- und Schulterbereich ergeben. Solche Konstruktionen sind vor allem bei Poloshirts aus Baumwolljersey oder Wolle zu finden.

Wie bei guten Hemden so sind auch bei Polo- und Rugbyshirts Perlmuttknöpfe wünschenswert. Diese sind jedoch heute nur noch so selten zu finden, dass man für eine

Qualitätssteigerung in diesem Bereich selbst Hand anlegen muss. Sollten Sie in Ihrer Stadt keine Perlmuttknöpfe kaufen können, so lassen sich diese auch problemlos im Internet bestellen.

───── *Kaufempfehlung*

Aufgrund der unüberschaubaren Auswahl an Mustern und Farben ist es schwierig, an dieser Stelle eine konkrete Empfehlung abzugeben. Dennoch gibt es einige Farben, die sich in Ihrer Grundausstattung finden sollten. Kaufen Sie daher folgende Shirts.

- ▸ *Ein weißes Poloshirt aus Baumwollpiqué*
- ▸ *Ein dunkelblaues Poloshirt aus Baumwolljersey*
- ▸ *Ein dunkel- oder flaschengrünes Poloshirt aus Baumwollpiqué*
- ▸ *Ein quer gestreiftes Rugbyshirt (z.B. in Blau und Weiß oder Dunkelblau und Grün)*

Neben Querstreifen sind auch farblich zwei- oder viergeteilte Shirts gute Alternativen zu einfarbigen Varianten. Farblich abgesetzte „Schärpen" in den verschiedensten Breiten sind ebenfalls eine Abwechslung zu einfarbigen Modellen.

───── *Interessante Adressen*

Hackett
www.hackett.com

—

Lacoste
www.lacoste.com

—

Paul Smith
www.paulsmith.co.uk

—

Sunspel
www.sunspel.com

John Smedley
www.johnsmedley.com

—

Orlebar Brown
www.orlebarbrown.com

—

Polo Ralph Lauren
www.ralphlauren.com

>

Hosen

Die Geschichte der Hose geht auf die frühen Reitervölker Osteuropas zurück. Dass gerade nomadisch lebende Völker die Hose als das geeignete Kleidungsstück betrachtet haben, liegt nachvollziehbarerweise daran, dass die Hose, anders als der Rock, beim Reiten wie auch bei anderen Aktivitäten beide Beine warm und geschützt zu halten vermag. Aus heutiger Sicht gelten diese Vorteile noch immer, auch wenn die äußeren Umstände weniger archaisch sind und wir im Regelfall nicht mit dem Pferd zur Arbeit reiten.

—— *Grundlagen*

Viele Faktoren haben Einfluss auf die Passform einer Hose. An der Frage, wie die ideale Hose denn nun sitzen muss, scheiden sich allerdings die Geister. Vor allem das Festlegen der richtigen Länge scheint ein äußerst komplizierter Prozess zu sein, den leider allzu oft auch das Verkaufspersonal nicht beherrscht. Dabei sind die Regeln denkbar einfach.

Die Länge der Hose wird anhand der Weite der Beinöffnung bestimmt. Weit geschnittene Hosen, also solche, bei denen der Schuh zu zwei Dritteln vom Hosenbein bedeckt ist, enden einen Zentimeter über dem Absatz und haben vorne einen Knick. Gerade geschnittene Hosen, die den Schuh zirka zur Hälfte bedecken, enden ein bis maximal zwei Zentimeter über dem Absatz und weisen vorne nur eine leichte Falte auf. Schmal geschnittene Hosen bedecken den Schuh nur zu einem Drittel und enden auf Höhe Ihres Knöchels, ohne vorne und hinten auf dem Schuh aufzustehen. Für alle drei Varianten gilt: Die Hose sollte vom Gesäß bis zum Absatz frei fallen können, ohne dabei einzuknicken.

Wie beim Kauf eines Konfektionsanzugs sollten Sie auch beim Kauf einer Hose von der Stange darauf achten, dass die schwierig zu ändernden Bereiche von Anfang an gut sitzen. Dies betrifft vor allem die Bundhöhe und den Umfang der Hose im Beckenbereich. Bei der Bundhöhe haben Sie die Wahl zwischen Hoch- und Tiefbund sowie den dazwischen liegenden Abstufungen. Ob der Umfang des Beckenbereiches ausreichend bemessen ist, sehen Sie daran, dass die Hosentaschen nicht aufstehen, wenn Sie die Hose tragen. Wölben sich die Taschen nach außen, so ist die Hose zu eng. Die Länge und die Bundweite der Hose können von einem guten Schneider problemlos angepasst werden.

Die Weite der Hose sollte Ihren persönlichen Vorlieben in Sachen Tragekomfort entsprechen. Abgesehen davon haben sich gewisse Klischees bezüglich der Passform und des Herkunftslandes etabliert. Auch wenn diese nicht absolut korrekt sind, so lässt sich doch zumindest eine Tendenz ausmachen. Demnach werden schmal geschnittene Hosen mit Tiefbund und einem eher kurzen Hosenbein den Italienern zugeschrieben, während weite Hosen mit mittlerer bis hoher Bundhöhe und auf dem Absatz endenden Hosenbeinen von Amerikanern getragen werden. Das gerade geschnittene Hochbundmodell mit einem knapp über dem Absatz endenden Hosenbein ist die britische Variante. Die Tatsache, dass man lediglich diese drei Nationen mit einem gewissen Stil in Verbindung bringt, zeigt einmal mehr, wer in Sachen Outfit maßgebend ist.

Für die verschiedenen Bundhöhen bieten sich unterschiedliche Arten der „Befestigung" an. Die geläufigste Variante ist der Gürtel. Er funktioniert immer dann, wenn die Hose auf oder unter dem Beckenknochen sitzt. Bei Hochbundhosen ist der Gürtel keine gute Wahl. Hosenträger wären hier die klassische Variante, seitlich angebrachte, justierbare Schnallen sind eine Alternative. Obwohl dies heute ein übliches Bild ist, so ist der Gürtel bei Anzughosen dennoch nicht immer die beste Wahl. Die Schlaufen am Bund der Hose, die Schnalle und nicht zuletzt das Leder des Gürtels unterbrechen die Silhouette des Anzugs. Hosenträger sind eine Option, etwas zeitgemäßer ist es aber, auf die bereits erwähnten, einstellbaren Seitenschnallen zurückzugreifen. Bei einem Konfektionsanzug sind diese in der Regel nicht vorgesehen, ein guter Schneider kann aber auch diese Änderung vornehmen.

Der Ivy-League-Style, den die Studenten der Eliteuniversitäten entlang der amerikanischen Ostküste tragen, zeichnet sich unter anderem durch extrem kurz getragene, eher weit geschnittene Hosen aus. Eine der Weiterentwicklungen dieses Styles ist der „Preppy-Look", bei dem die Hosen neben der extremen Kürze auch noch sehr eng geschnitten sein können. Beide Looks kann man heute durchaus als klassisch bezeichnen. Ihre Besonderheit ist jedoch, dass sie einer Altersgrenze unterworfen sind. Wenn Sie das Studentenalter, welches auch nach großzügiger Auslegung mit 37 endet, überschritten haben, sollten Sie sich vom Tragen allzu jugendhafter Kleidung verabschieden – dies gilt im Übrigen nicht nur für Hosen.

Hosen mit Aufschlag gelten als sportlich und sind daher bei formeller Kleidung, also beim Frack und Smoking, nicht zu finden. Bei Anzügen kommt es auf den Anlass an. Einem Jagdanzug aus Tweed, ob Sie ihn nun tatsächlich zur Jagd tragen oder nur weil er Ihnen gut gefällt, stehen Hosenaufschläge sehr gut. Der konservative City-Anzug hat dagegen keine Aufschläge. Die Betonung liegt hierbei auf konservativ. Ein Flanellanzug kann durchaus Hosenaufschläge besitzen und dennoch stadttauglich sein.

Die auch als Shorts bezeichneten kurzen Hosen fristen ein Schattendasein in der klassischen Garderobe. Abgesehen von den verschiedenen Sportarten, zu denen man sie trägt, sind sie im Prinzip nur am Strand eine wirkliche Alternative zur Hose mit langem Bein. Keinesfalls sollten Sie sich mit einem kurzen Beinkleid in der Stadt blicken lassen, und sofern Sie nicht gerade auf einer Südseeinsel leben, ist auch das Land kein wirklich geeigneter Ort. Am Meer oder auch an einem Fluss oder Badesee sind Shorts aber keineswegs fehl am Platz. Mit Stil getragen, findet man Shorts vor allem in Italien und an der US-Ostküste in Orten wie Rhode Island. Mit einer Kombination aus Loafern oder Mokassins, wohlgemerkt ohne Socken getragen, Shorts und einem Baumwoll- oder Leinenhemd sind Sie auf der sicheren Seite. Auch Bootsschuhe und ein Polohemd sind gute Ergänzungen zu kurzen Hosen.

Hose ohne Bundfalten (engl. Flat Front)

Hose mit Bundfalten (engl. Pleated Front)

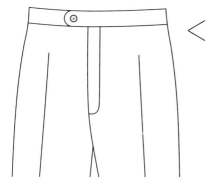

Der Bund einer Hochbundhose befindet sich oberhalb des Beckenknochens.

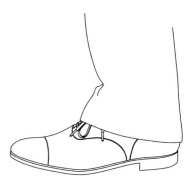

Länge bei weiter Beinweite

Bei der Hose mit mittlerer Bundhöhe befindet sich der Bund auf der Höhe des Beckenknochens.

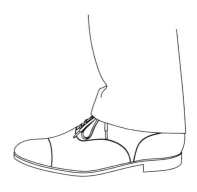

Länge bei normaler Beinweite

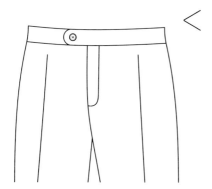

Der Bund einer Tiefbundhose befindet sich knapp unterhalb des Beckenknochens.

Länge bei schmaler Beinweite

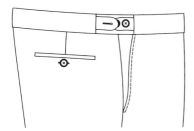

Hose mit knöpfbaren Seitenschnallen

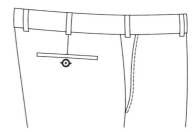

Hose mit einfachen Gürtelschlaufen

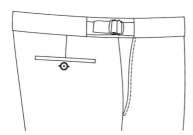

Hose mit frei justierbaren Seitenschnallen

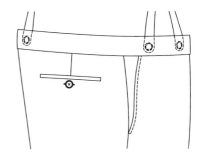

Hose mit innen liegenden Knöpfen zur Befestigung von Hosenträgern

Qualität erkennen

Eine Hose herzustellen ist kein Hexenwerk. Die Arbeitsschritte sind überschaubar und besondere Techniken, wie etwa beim Schneidern einer Anzugjacke, sind ebenfalls nicht notwendig. Umso mehr sollte die Verarbeitung der Nähte, der Musterübergang und der Schnitt einwandfrei sein.

Achten Sie beim Kauf darauf, dass die Nähte sauber verarbeitet sind und parallel zueinander verlaufen. Besonders gilt dies für die stark beanspruchten Partien der Hüfte und des Gesäßes. Lose Fäden und Nähte, in denen sich die Fäden doppelt oder dreifach finden, zeugen von hastiger Maschinenarbeit. Die Nähte sollten mit einem sauber gesetzten Schlussstich enden, ohne dass Fäden aus der Naht schauen.

Bei der Verarbeitung gemusterter Stoffe, egal zu welchem Kleidungsstück, ist ein korrekter Musterübergang wichtig. Muster sollten über alle Nähte hinweg und auch im Bereich von Taschen und Klappen an Gesäßtaschen ohne Versatz durchlaufen.

───── *Kaufempfehlung*

Neben den Anzughosen, bei denen Sie die Bundhöhe und Passform abhängig von Art und Beschaffenheit der Anzugjacke bestimmen, sollten Sie über eine Auswahl an Hosen verfügen, die Ihnen möglichst viele Kombinationsmöglichkeiten offen hält.

Beginnen Sie mit folgenden Modellen:
▸ *Einer mittelgrauen Flanellhose mit Aufschlag und Hochbund*

Die Flanellhose ist der Klassiker schlechthin. Sie passt zu Sportjacken und Strickwaren und lässt sich sowohl mit braunen wie auch mit schwarzen Schuhen gut kombinieren. Sie sollte daher Ihre erste Anschaffung sein.

▸ *Einer dunkelgrauen Flanellhose mit Hochbund*

Was für die mittelgraue Flanellhose gilt, trifft auch auf die dunklere Variante zu. Achten Sie darauf, dass der Grauton nicht zu dunkel ist. Er sollte sich noch deutlich vom Navyblue Ihres Blazers absetzen, um eine gute Kombination zu ergeben.

▸ *Ein bis zwei Chinos in den klassischen Abstufungen von sehr hellem Braun beziehungsweise Beige oder Ecru*

Klassische Chinos sind eher weit geschnitten und haben einen hohen Bund. Die Bandbreite der heute erhältlichen Modelle ist jedoch so groß, dass Sie an dieser Stelle selbst entscheiden müssen, ob Sie noch jung genug für ein eng geschnittenes und kurz getragenes Preppy-Modell sind oder doch lieber auf ein gut zur Sportjacke passendes Modell mit mittlerer Bundhöhe und geradem bis weitem Schnitt zurückgreifen wollen.

▸ *Einer mittelbraunen Moleskin Hose mit Hochbund*

Moleskin ist ein warmer und strapazierfähiger Stoff, der aufgrund seines Gewichtes und seiner schönen Textur ein idealer Begleiter zur Sportjacke und zu Strickwaren ist. Neben Braun ist auch Maisgelb eine gute Farbe für Kombinationen.

► *Einer weißen Baumwollhose*

An Sommertagen ist eine Kombination aus einer weißen Baumwollhose und einer leichten Sportjacke mit Leinenanteil sehr angenehm zu tragen. Es ist eine der klassischen Sommerkombinationen.

► *Einer gerade geschnittenen Jeans mit mittlerer Bundhöhe aus dunkelblauem Denim*

Die Jeans ist ein sehr guter Allrounder. Sie passt zum Sportjackett ebenso wie zu einem Sweater oder Poloshirt. Man kann sie gut in Kombination mit Bootsschuhen tragen. Braune Raulederschuhe sind ebenfalls sehr gut geeignet. Die Farbe der Jeans ist Blau in seinen verschiedenen Abstufungen. Alle anderen Farben sind tabu. Gleiches gilt für künstlich gealterte Modelle. Ihre Jeans ist erst dann wirklich Ihre, wenn Sie die Falten und Risse selbst eingetragen haben.

Interessante Adressen

Albam Clothing
www.albamclothing.com
—

Conrad Hasselbach Shoes & Garment
www.conradhasselbach.de
—

Hiut Denim
www.hiutdenim.co.uk
—

Ladage & Oelke
www.ladage-oelke.de

Chelsea Farmers Club
www.chelseafarmersclub.de
—

Cordings
www.cordings.co.uk
—

Incotex
www.slowear.com

> Strümpfe

„Strümpfe reichen bis zum Knie!" Das ist wohl die wichtigste Aussage zu diesem Thema, dicht gefolgt von „Bitte nicht weiß!" Diese beiden Erkenntnisse sind schon oft zitiert worden und werden dennoch häufig nicht beachtet. Dabei ist ein sich teigig und weiß absetzendes Stück Bein zwischen Socken und Hosensaum wirklich kein schöner Anblick. Was das Tragen von weißen Strümpfen anbelangt, ist die Situation nicht ganz so eindeutig.

——— *Grundlagen*

Der Unterschied zwischen Socken und Strümpfen ist, dass Letztere bis zum Knie reichen und damit den Vorteil bieten, dass sie die Wade umschließen und daher nicht ständig herunterrutschen. Socken hingegen haben genau diese lästige Eigenschaft, welche dazu führt, dass schon nach kurzem Tragen das Bein unschön exponiert wird. Vermeiden Sie also grundsätzlich das Tragen von Socken und kaufen Sie stattdessen lieber Strümpfe.

Was die Farbe Weiß anbelangt, so ist zu sagen, dass sie durchaus ihre Daseinsberechtigung hat. Da die Farbe der Strümpfe zur Farbe der Hose und der Schuhe passen sollte und durchaus die Möglichkeit besteht, ein Paar weiße Schuhe mit einer weißen Baumwollhose zu tragen, ist in dieser Kombination Weiß die korrekte Farbe für die Strümpfe. Zu einer Jeans und braunen Schuhen ist und bleibt Weiß aber eine Geschmacklosigkeit sondergleichen.

Wenn Sie mit der Farbe der Strümpfe einen Akzent setzen möchten, so wählen Sie einen Farbton, der bereits im gewählten Outfit vorhanden ist. Die Farbe der Strümpfe kann zum Beispiel der Farbe des Pullovers entsprechen oder in Verbindung mit den Farben von Krawatte und Einstecktuch stehen. Diese Kombinationen erfordern Geschick und sind daher nicht jedem zu empfehlen. Wenn Sie sich für eher unbegabt in diesen Fragen halten, bleiben Sie bei der Regel, dass die Farbe der Strümpfe zur Farbe der Hose und der Schuhe passen sollte und dass Strümpfe tendenziell eine Nuance dunkler sein sollten als Schuhe und Hose.

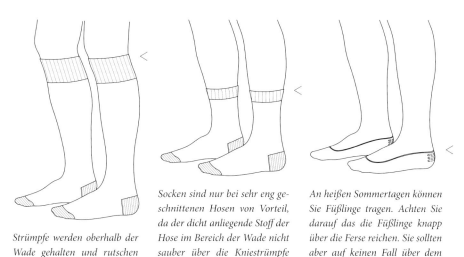

Strümpfe werden oberhalb der Wade gehalten und rutschen daher nicht ständig herunter.

Socken sind nur bei sehr eng geschnittenen Hosen von Vorteil, da der dicht anliegende Stoff der Hose im Bereich der Wade nicht sauber über die Kniestrümpfe fällt.

An heißen Sommertagen können Sie Füßlinge tragen. Achten Sie darauf das die Füßlinge knapp über die Ferse reichen. Sie sollten aber auf keinen Fall über dem Schuh zu sehen sein!

Qualität erkennen

Viele Hersteller begründen die Beimischung von synthetischen Fasern mit der besseren Haltbarkeit der Gewebe. Auch wenn sich die Menge an Synthetikfasern meistens im Bereich von 5 bis 15 Prozent bewegt, sind die Trageeigenschaften dieser Strümpfe schlechter als von solchen, die zu 100 Prozent aus natürlichen Fasern gefertigt werden. Da zudem die Haltbarkeit nur geringfügig schlechter ist, gilt – wie bei allen anderen Teilen der Garderobe auch – „natürlich ist besser". Gute Strümpfe sind in den stark beanspruchten Bereichen der Zehen und der Ferse verstärkt, also dichter gewebt, und sorgen damit für eine verbesserte Haltbarkeit.

Kaufempfehlung

Unter Berücksichtigung der genannten Regeln zur richtigen Kombination von

Strümpfen, sollten Sie folgende Farben anschaffen:
- ► *Dunkel- und Mittelgrau*
- ► *Dunkel- und Mittelbraun*
- ► *Weinrot*
- ► *Navy*
- ► *Flaschen- oder dunkelgrün*
- ► *Schwarz (nur zu festlicher Kleidung)*

Wenn Sie auffälligere Kombinationen bevorzugen, dann sind folgende Farben zu empfehlen:
- ► *Rot*
- ► *Violett*
- ► *Gelb*
- ► *Dunkles Orange*
- ► *Rosa*
- ► *Argyle-Karo in den vorgenannten Farben*

─── *Interessante Adressen*

Burlington
www.burlington.de

—

Falke
www.falke.com

—

Monn
www.monn.com

Corgi
www.corgihosiery.co.uk

—

Mes Chaussettes Rouges
www.meschaussettesrouges.com

—

Scott Nichol
www.scott-nichol.com

>

Hausmäntel

Der Hausmantel hat nicht das beste Image. Playboyhaft und dekadent sind Attribute, die mit ihm in Verbindung gebracht werden. Er kommt ein bisschen halbseiden daher, vor allem dann, wenn er aus Seide gefertigt ist. Dabei hat er eine respektable Karriere hinter sich. Von orientalischer Abstammung ist er auf einer Welle von Orientalismus im ausgehenden 19. Jahrhundert nach Europa geschwappt. In einer Zeit, in der gut geheizte Räume die Ausnahme waren, fand der Hausmantel schnell Anhänger. Mit zunehmendem Komfort wandelte er sich vom wärmenden Funktionskleidungsstück hin zu einem Luxusartikel. Das alles einmal außen vor gelassen, ist der Hausmantel vor allem ein sehr bequemes Kleidungsstück. In Pyjama und Hausmantel gekleidet auf dem heimischen Sofa zu sitzen, um ein gutes Buch zu lesen, befreit von den Zwängen der „Outdoor"- Kleidung, ist eine äußerst entspannende Erfahrung.

——— *Grundlagen*

Viele der heute angebotenen Hausmäntel sind in schlichten Farben gehalten und nur schwach gemustert. Die Auswahl ist wohl auf den kleinsten gemeinsamen Nenner gebracht worden, da die mangelnde Nachfrage größere Vielfalt nicht erlaubt. Der Verlust an Farb- und Mustervielfalt ist ein bedauernswerter Umstand, denn genau das ist es, wonach Sie suchen sollten.

Der Hausmantel ist eines der wenigen Kleidungsstücke, die nicht übermäßig durch Goes und No-Goes reglementiert sind. Daher wäre es schade, wenn Sie in der Privatsphäre Ihrer eigenen vier Wände die gleiche Zurückhaltung walten lassen würden, zu der Sie in der Öffentlichkeit mehr oder minder gezwungen sind. Nutzen Sie stattdessen die Gelegenheit! Seide mit exotischen Motiven, opulente Stoffe in satten Farben und ausgefallene Muster sind die Stilmittel, derer Sie sich bedienen sollten.

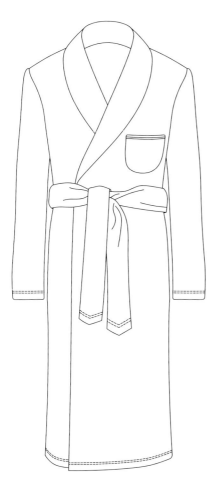

Der einfache Hausmantel aus Baumwolle oder Wolle

Die luxuriöse Variante des Hausmantels aus Seide

Der Hausschuh aus Leder

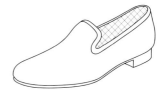

Der Samtslipper

Zu einem Hausmantel gehören die passenden Hausschuhe. Wenn Sie sich für einen flamboyanten Hausmantel entschieden haben, dann sind Samtslipper sicher die passenden Begleiter. Wenn Ihnen das zu übertrieben erscheint, dann ist der klassische Hausschuh aus Leder eine gute Alternative.

——— *Qualität erkennen*

Die Bewohner eines zugigen Landhauses werden Ihnen zum Thema Qualität in Bezug auf den Hausmantel wahrscheinlich die Antwort geben: „Warm muss er sein und aus schwerem Stoff gefertigt." Dass die Nähte gut verarbeitet sind und die Taschen an den richtigen Stellen sitzen, sodass sie auch noch erreichbar sind, wenn der Mantel geschlossen ist, versteht sich von selbst. Um die für Sie passende Qualität zu bestimmen, müssen Sie daher zunächst Ihre Ansprüche definieren. Eine gut geheizte Stadtwohnung verlangt nach dünner Seide oder Baumwolle, besagtes Landhaus nach etwas Substanziellerem.

——— *Kaufempfehlung*

Damit die Suche nach einem passenden Hausmantel nicht zu einer Odyssee durch überfüllte Einkaufsstraßen wird, sollten Sie über eine Maßanfertigung nachdenken. Zugegeben, aufgrund des weiten Schnittes und der damit einhergehenden Maßtoleranzen scheint eine Anfertigung auf den ersten Blick nicht sinnvoll. Sie hat jedoch einen großen Vorteil: Die Auswahl an Stoffen ist riesig und Ihrem Streben nach Individualität sind keine Grenzen gesetzt. Davon einmal abgesehen, sind die Kosten für eine solche Maßanfertigung, wenn Sie nicht gerade einen sehr luxuriösen Stoff wählen, überschaubar. Wenn der Blick auf die Internetseiten der einschlägigen Anbieter also ohne Erfolg bleiben sollte, dann empfehle ich Ihnen, sich an einen Maßschneider zu wenden.

——— *Interessante Adressen*

Budd Shirtmakers
www.buddshirts.co.uk
—

Derek Rose
www.derek-rose.com

Daniel Hanson
www.danielhanson.co.uk
—

Emma Willis
www.emmawillis.com

Hilditch and Key
www.hilditchandkey.co.uk
—

Polo Ralph Lauren
www.ralphlauren.com
—

The Merchant Fox
www.themerchantfox.co.uk

J. Press
www.jpressonline.com
—

Turnbull & Asser
www.turnbullandasser.co.uk
—

>

Pyjamas

Das Wort Pyjama ist eine Erfindung britischer Kolonialbeamter in Indien. Der von der einheimischen Bevölkerung getragene Pajama stand dafür Pate. Dieses weit geschnittene Beinkleid wird am Bund mittels eines gürtelähnlichen Bandes geschnürt und im Unterschied zu seinem europäisierten Verwandten am Tage getragen. Für viele Europäer hat der Pyjama aber in erster Linie nicht etwas Indisches an sich, sondern vielmehr etwas Kindliches. Diese Vorstellung kommt aus der eigenen Kindheit, in der man ganz selbstverständlich im Pyjama zu Bett ging. Mit dem Ende der Kindheit hat man dann auch das scheinbar kindliche Schlafgewand abgelegt. Dabei ist ein hochwertiger Pyjama nicht nur eine angenehm zu tragende Bettgarderobe für die Kleinen, sondern durchaus auch ein Kleidungsstück für Erwachsene. Tragen Sie ihn mit Wohlgefühl und Selbstbewusstsein, dann kann er sogar Ihren Sex-Appeal steigern.

Grundlagen

Wie das indische Original so sollte auch der Pyjama mittels eines durch einen Tunnelbund geführten Bandes geschnürt werden. Die angebotenen Modelle mit Elastikbund sind nicht zu empfehlen, da der straffe Bund auf Dauer unbequem ist und abgesehen davon wenig stilbewusst.

Pyjamas gibt es in den verschiedensten Stoffen und Stoffgewichten. In Ihrem Kleiderschrank sollten sich sowohl schwerere, winterliche Modelle aus Baumwollflanell befinden wie auch sommerliche Varianten aus Popeline oder Seide sowie Mischgeweben mit Leinenanteil. Allen Modellen gemein ist, dass sie grundsätzlich ohne Unterwäsche getragen werden.

Ein Pyjama ist zunächst einmal ein bequemes Kleidungsstück, das seinen Träger nicht einengen sollte. Sie werden daher beim ersten Anziehen überrascht sein, wie weit und luftig er ist. Man kann geneigt sein, zu glauben, dass sich irrtümlich eine falsche Größenangabe auf der Verpackung befand und man tatsächlich ein mindestens drei Nummern zu großes Exemplar trägt. So wünschenswert ein körperbetonter Schnitt bei manchen Kleidungsstücken auch sein mag, hier ist er fehl am Platz.

Pyjamajacke

Pyjamahose mit Elastikbund   *Pyjamahose mit Tunnelbund*

——— Qualität erkennen

Dass die bekannten Hemdenhersteller in aller Regel auch eine Kollektion von Pyjamas anbieten, kommt nicht von ungefähr. Der Stoff, aus dem Hemden geschneidert werden, eignet sich nämlich auch bestens für das Schlafgewand. Schließlich wird auch das Hemd direkt auf der Haut getragen. Bei der Fertigung kommen dementsprechend viele der Techniken zum Einsatz, die auch in der Hemdenmanufaktur Anwendung finden. Die Qualitätsanforderungen sind daher ebenfalls in weiten Teilen identisch.

Achten Sie daher auf:

Einen präzisen Musterübergang an allen Nahtstellen und bei aufgesetzten Teilen wie Brusttaschen und Knopfleisten; Perlmuttknöpfe; ca. sechs bis acht Stiche pro Zentimeter Naht; Einlagen, die nicht mit dem Oberstoff verklebt sind; handgenähte Knopflöcher

──── *Kaufempfehlung*

Der Pyjama ist in einer Vielzahl von Stoffen erhältlich. Einige der beliebtesten sind, neben Baumwollflanell, Popeline und Seide. Für welchen Stoff Sie sich entscheiden, hängt vor allem davon ab, was Sie auf der Haut als angenehm empfinden und wie kalt es in Ihrem Schlafzimmer wird. Von den Stoffqualitäten einmal abgesehen, bleibt noch die Frage der Farben und Muster. In diesem Bereich steht Ihnen die komplette Musterpalette der Hemdenstoffe zur Auswahl. Wählen Sie ganz nach Belieben Streifen, Karos oder uni gefärbte Modelle oder greifen Sie auf Polkadots in Verbindung mit Seidenstoffen zurück. Nicht unerwähnt bleiben sollten die schon von Krawatten und Shorts bekannten Motive des Lieblingsfußballvereins oder bekannter Comicfiguren. Hier gilt: In Ihrem Bett hat Ihr Fußballverein nichts zu suchen.

──── *Interessante Adressen*

Budd Shirtmakers
www.buddshirts.co.uk
—

New & Lingwood
www.newandlingwood.com
—

The Merchant Fox
www.themerchantfox.co.uk

Derek Rose
www.derek-rose.com
—

Turnbull & Asser
www.turnbullandasser.co.uk

>

Unterwäsche

Ein Kapitel über Unterwäsche in einem Ratgeber, der sich mit dem äußeren Erscheinungsbild des Mannes befasst, scheint auf den ersten Blick etwas paradox. Dennoch ist auch jener Teil der Garderobe, bestehend aus Unterhemd und Unterhose, welcher von der Oberbekleidung verdeckt wird, durchaus beachtenswert.

——— *Grundlagen*

Der ursprüngliche Sinn des Tragens von Unterwäsche lag in der Schonung der Oberbekleidung. Dies trifft heute vor allem noch auf die Unterhose zu. Da Hemden nunmehr zur Oberbekleidung gezählt und ohnehin täglich gewechselt werden, ist das Unterhemd zur Schonung der Oberbekleidung nicht mehr von Wichtigkeit. An kalten Tagen kann es aber trotzdem als Kälteschutz getragen werden.

Die Entscheidung, ob Sie lieber ein T-Shirt oder ein klassisches Unterhemd tragen wollen, bleibt Ihnen überlassen. Zu bedenken ist lediglich, dass sich bei eng anliegender Oberbekleidung ein weites T-Shirt eventuell durch unschöne Falten und Beulen bemerkbar macht. Gleiches gilt für die zumeist weit geschnittenen Boxershorts. Ein eng anliegendes T-Shirt ohne Ärmel und mit V-Ausschnitt ist eine gute Alternative zum klassischen Unterhemd.

Die Unterbekleidung sollte nicht sichtbar getragen werden oder durchschimmern. Was die Unterhose anbelangt, so wird diese Regel meistens schon deshalb berücksichtigt, weil man sich nicht den peinlichen Bemerkungen anderer aussetzen möchte. Ein durchschimmerndes Unterhemd hingegen ist gerade im Sommer häufiger zu sehen, und auch wenn das nicht so peinlich ist wie eine Unterhose, die über dem Hosenbund sichtbar ist, so sieht es doch extrem altbacken aus.

Was die Farbe anbelangt, so ist weiß nach wie vor die beste Wahl. Moderne Waschmittel und verbesserte Körperhygiene haben zwar dafür gesorgt, dass farbige Unterwäsche akzeptabel ist, aber gerade dunkle Farbtöne sind gut unter Hemden und hellen Hosen aus leichten Stoffen auszumachen und daher unflexibel.

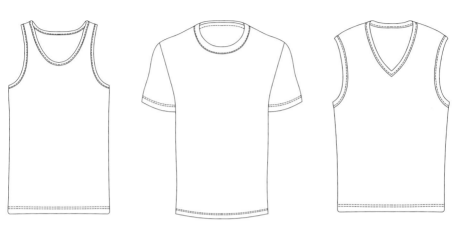

Das klassische Unterhemd mit Trägern

T-Shirt

Das Unterhemd mit V-Ausschnitt als Alternative zum T-Shirt

Brief mit Eingriff

Herrenslip mit Eingriff

Brief mit längerem Bein

Boxershorts

───── Qualität erkennen

Gute Unterwäsche bleibt auch nach längerem Tragen formstabil. Gerade bei eng anliegender Körperwäsche ist Formstabilität eine wichtige Eigenschaft, die maßgebend für den Tragekomfort ist. Um dies zu erreichen, werden den verwendeten Stoffen oftmals elastische Synthetikfasern beigemischt. Diese sorgen zwar für eine gute Passform und sind in Anteilen bis fünf Prozent dem Tragekomfort in Bezug auf die Feuchtigkeitsabsorption auch nicht abträglich, sie verschlechtern jedoch die Haltbarkeit des Materials. Qualitativ hochwertiger sind Stoffe, die zu 100 Prozent aus natürlichen Materialien bestehen. Einer dieser Stoffe ist der sogenannte Baumwoll-Doppelripp, der gerne als etwas spießig abgetan wird, aber dennoch eine gute Wahl für Unterwäsche ist. Er ist aufgrund seiner Webart sehr dehnbar und kommt daher ohne Synthetikfasern aus. Baumwolle ist heute das Material der Wahl bei der Herstellung von Unterwäsche und hat damit Leinen und auch Wolle weitgehend abgelöst. Die beste Baumwollqualität ist eine langstapelige ägyptische Baumwolle. Ihre besonders langen Fasern geben dem fertigen Stoff neben einer sehr guten Haltbarkeit auch eine besonders weiche Oberfläche. Abgesehen von der Baumwolle haben einige Hersteller auch Stoffe aus künstlichen Fasern im Angebot, die aus natürlichen Rohstoffen gewonnen werden. Diese zumeist aus Zellulose gewonnenen Fasern ergeben einen seidenweichen Stoff mit sehr hohem Tragekomfort und sind daher durchaus beachtenswert.

───── Kaufempfehlung

Wie bereits erwähnt, ist die Auswahl der Unterwäsche vor allem den persönlichen Vorlieben eines jeden Einzelnen überlassen. Eine konkrete Empfehlung ist daher an dieser Stelle nicht angebracht. Generell gilt jedoch, dass die eng anliegende Körperwäsche zu allen Arten und Formen der Oberbekleidung passt und damit mehr Flexibilität bietet als ihr weit geschnittener Gegenpart. Wenn Sie sich bis jetzt noch nicht festgelegt haben, dann sollten Sie bei Ihrem nächsten Einkauf auf die körperbetonte Variante der Unterwäsche zurückgreifen.

Interessante Adressen

Schiesser
www.schiesser.com

—

Zimmerli of Switzerland
www.zimmerlitextil.ch

—

Sunspel
www.sunspel.com

The White Briefs
www.thewhitebriefs.com

—

Jockey
www.jockey.de

—

Men's Republic of Switzerland
www.mens-republic.ch

Festliche Kleidung

>

Smoking

Der kleine Gesellschaftsanzug, besser bekannt als Smoking, ist eine Anschaffung vor der die meisten Männer zurückschrecken. Teilt man den unter Umständen recht hohen Anschaffungspreis durch die Anzahl der Anlässe, an denen man das gute Stück tragen könnte, erhält man ein ernüchterndes Ergebnis und entscheidet sich gegen einen Kauf. Schließlich kann man den Smoking ja auch leihen, sollte man ihn doch einmal benötigen. Die Folge ist, dass gerade dann, wenn es besonders darauf ankommt, elegant zu erscheinen, und alle bemüht sind, eine gute Figur abzugeben, man selbst ein schlecht sitzendes, geliehenes Kleidungsstück trägt. Dabei ist es doch zu einem guten Teil die festliche Kleidung, die eine einfache Veranstaltung erst zu einem Fest werden lässt. Betrachten Sie die Frage des Für und Wider daher weniger rational, sondern emotional.

Grundlagen

Wenn Sie zu einem abendlichen Anlass im Vereinigten Königreich eingeladen sind, werden Sie auf Ihrer Einladung vielleicht den Hinweis „Black Tie" finden. Damit ist ausgesagt, dass Sie im Dinnerjacket und dem besagten Black Tie, also einem schwarzen Binder, erscheinen sollen. In den USA werden Sie auf einer Einladung vielleicht das Wort „Tuxedo" finden. Alle diese Begriffe umschreiben ein und dasselbe Kleidungsstück: kleiner Gesellschaftsanzug = Smoking = Black Tie = Dinnerjacket = Tuxedo.

Nach der Begriffsklärung stellt sich nun die Frage nach den Bestandteilen des kleinen Gesellschaftsanzuges. Ein komplettes Outfit besteht aus folgenden Kleidungsstücken:

Einer ein- oder zweireihigen Smokingjacke
Die Jacke hat steigende Revers oder einen Schalkragen, wobei die Krägen bei beiden Varianten mit Seidensatin besetzt sind. Die Knöpfe an den Ärmeln und der Taillen-

knopf sind ebenfalls mit Seidensatin bezogen. Da der Smoking geschichtlich gesehen ein Nachfahre des Fracks ist und dieser über einen langen Rückenschlitz verfügt, sollten Sie auch für den Smoking einen einfachen Rückenschlitz wählen, vorausgesetzt, es handelt sich um ein einreihiges Exemplar. Eine zweireihige Jacke hat auch beim Smoking zwei seitliche Rückenschlitze. Passende Farben sind Schwarz und Nachtblau, wobei auch bei einem nachtblauen Modell die Seidenbesätze schwarz sind.

Einer Smokinghose mit einem Galon

(ein Streifen aus Seidensatin, der die äußere Naht des Hosenbeines verdeckt)
Die Hose sollte gerade geschnitten sein und entweder von Hosenträgern oder seitlichen, justierbaren Schnallen gehalten werden. Hosenaufschläge gelten als sportliches Detail und sind daher nicht passend.

Einem Hemd mit Umlegemanschetten, verstärkter Brustpartie und einsetzbaren Brust- und Manschettenknöpfen

Für das Hemd sind Goldknöpfe am besten geeignet. Andere Edelmetalle sind denkbar, aber eher unüblich. Wenn Sie einen Akzent setzen wollen, können sie Halbedel- bzw. Edelsteine sowohl in den Brust- als auch in den Manschettenknöpfen tragen. Das Smokinghemd unterscheidet sich von einem normalen Hemd dadurch, dass es mit einer verstärkten Brustpartie ausgestattet ist. Wie groß diese Verstärkung ausfällt, hängt davon ab, ob Sie sich für eine Weste oder einen Cummerbund entscheiden. In jedem Fall sollte, auch wenn Sie das Jackett geöffnet haben, nur der verstärkte Teil des Hemdes zu sehen sein. Ob dieser aus gestärktem Stoff besteht, mit Baumwollpiqué besetzt oder plissiert ist, bleibt Ihnen überlassen.

Einer Weste oder einem Cummerbund, wenn Sie sich für eine einreihige Smokingjacke entscheiden

Da die zweireihige Jacke ohnehin nur geschlossen getragen werden kann und der Hosenbund somit grundsätzlich bedeckt ist, erübrigt sich das Tragen einer Weste oder eines Cummerbundes. Die Weste hat die Farbe des Smokings. Alternativ dazu kann die Weste auch weiß sein. Vor dem weißen Stoff des Hemdes fällt sie dann weniger auf und wirkt durchaus dezent. Nichtsdestoweniger gilt auch in diesem Fall Schwarz oder Nachtblau als eine sichere Wahl. Der Cummerbund ist in der Regel schwarz, obwohl er auch in festlichen Farben gehalten sein könnte.

Einem schwarzen Seidenbinder (Black Tie)

Wie immer sollte der Binder selbst gebunden sein. Ein Exemplar mit gerade geschnitten Enden (im Englischen als „bat wing", also Fledermausflügel, bezeichnet) wirkt am elegantesten und lässt sich leichter binden als die bekannte Schmetterlingsschleife mit ihren ausgeformten Enden.

Einem Einstecktuch

Das Einstecktuch ist weiß. Alternativ könnten Sie festliche Farben wie Goldgelb, Weinrot, Violett oder Smaragdgrün verwenden. Wenn Sie glauben, dass der Anlass diese kleine Extravaganz zulässt, spricht nichts dagegen. Wenn es wirklich formell zugeht, bleiben Sie besser bei Weiß.

Einem Paar Lacklederschuhe

Zum Smoking gehören schwarze Lacklederschuhe. Sie haben die Wahl zwischen einem Paar Oxfords oder Pumps mit Seidenschleife. Vor Letzteren schrecken die meisten Männer zurück, da sie diese Schuhe als zu feminin empfinden. Pumps sind jedoch die wirklich klassischen Begleiter des Smokings. Wenn Sie sich ohnehin nicht zu Lackleder durchringen können, dann sollten Sie zumindest Ihre schwarzen Oxfords auf Hochglanz polieren und die einfachen Schnürsenkel durch solche aus Seide ersetzen. Die Schuhe sollten von schwarzen, knielangen Seidenstrümpfen begleitet werden.

Smokinghemd mit gefälteter Brustpartie und Umlegekragen

Smokinghemd mit abnehmbarem Kragen und einer Brustpartie aus Baumwollpiqué

Umlege- & Kläppchenkragen

Die Schleife zum Smoking

Einreihiges Jackett mit steigenden Revers

Jackett mit Schalkragen

Zweireihiges Jackett mit steigenden Revers

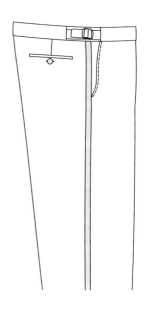

Hose mit einem Galon (Seidenstreifen)

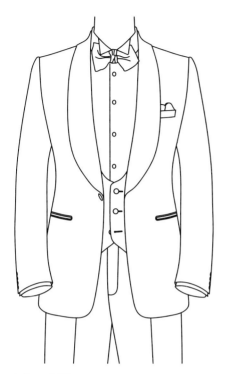

Jackett mit Weste

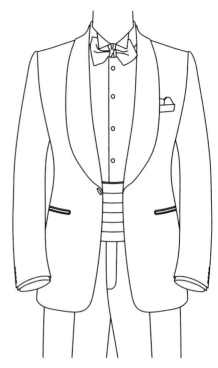

Jackett mit Cummerbund

Opernpump mit Seidenschleife

Ein Oxford als Alternative zum Pump

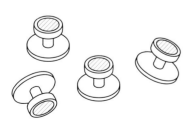

Hemdenknöpfe (engl. „Studs")

Manschettenknöpfe zum Smoking

Der kleine Gesellschaftsanzug wird nur zu Abendveranstaltungen, das heißt nicht vor 18 Uhr, getragen. Am Tage ist der Morning Coat passender, wenn ein festliches Outfit gefragt ist. Der Smoking wird immer dann getragen, wenn es formell zugeht. Halten Sie sich daher genau an den gewünschten Dresscode.

Neben Schwarz oder Nachtblau wären auch andere dunkle Farben denkbar. Da dies aber heute nicht mehr üblich sind, würden Sie damit nur auffallen. Bei der Abendgarderobe geht es aber genau darum nicht: Sie soll elegant, luxuriös, üppig und festlich sein, aber bitte nicht auffällig.

Neben dem bereits erwähnten Seidensatin könnten Sie auch Seidensamt oder gerippte Seide für die Besätze an Jacke und Hose wählen. Sobald Sie sich für ein Material entschieden haben, bleiben Sie bitte dabei. Der Binder, der Cummerbund, die Überzüge der Knöpfe, die Galons und die Revers sollten nicht aus unterschiedlichen Stoffen bestehen.

Da Sie den Smoking die meiste Zeit bei künstlicher Beleuchtung tragen werden, ist es wichtig, dass Sie die Stoffe und Strukturen gut aufeinander abstimmen. Kunstlicht ist gnadenlos, wenn es darum geht, Unterschiede in Farbe oder Stoff bloßzustellen. Dieser Umstand ist beim Cummerbund und auch beim Einstecktuch wiederum von Vorteil. Dort wird der gewollte Kontrast zum Smoking gut erkennbar.

Tipp: Das Smokinghemd hat heute oftmals einen normalen Umlegekragen oder manchmal auch einen Kläppchenkragen. Während der weiche Umlegekragen sich etabliert hat, gilt der Kläppchenkragen, wenn er fest mit dem Hemd verbunden ist, als nicht sonderlich stilsicher. Wenn Sie wirklich stilvoll auftreten wollen, sollten Sie sich für einen „detachable collar", also einen abnehmbaren Kläppchenkragen, entscheiden. Seien Sie jedoch gewarnt. Ein solcher Kragen ist nichts für Zartbesaitete. Er ist hart wie ein Brett, und wenn er nicht einwandfrei sitzt, werden Sie den Abend wohl kaum ohne Schürfwunden am Hals überstehen.

Qualität erkennen

Auch wenn der Smoking sehr außergewöhnlich wirkt, so setzt er sich doch aus ganz normalen Kleidungsstücken zusammen. Es gelten daher die grundsätzlichen Überlegungen zur Qualität, wie sie in anderen Abschnitten bereits erwähnt wurden. Das gesamte Outfit stellt jedoch wieder andere Anforderungen an die Ausführung, da es in einem speziellen Kontext getragen wird. In der Regel ist dies ein überhitzter und oftmals schlecht gelüfteter Raum, in dem sich zudem noch sehr viele Personen aufhalten. Vergessen Sie nicht: Ihre Smokingjacke können Sie nicht ablegen. Sie muss daher so leicht wie möglich sein. Ein nur zur Hälfte gefüttertes Exemplar ist zu empfehlen. Achten Sie darauf, dass die sichtbaren Innennähte des Jacketts sauber mit einer Saumblende umschlossen sind. Die Weste sollte auf dem Rücken nur mittels eines Bandes zusammengehalten werden. Ein geschlossener Rücken würde einen Hitzestau verursachen. Aus demselben Grund sollte auch die Hose nicht gefüttert sein.

Kaufempfehlung

Wie bereits erwähnt, haben Sie die Möglichkeit, zwischen einem einreihigen und einem zweireihigen Jackett zu wählen. Da der Zweireiher nicht offen getragen werden kann, ist er etwas unflexibler. Der Einreiher hat, neben der höheren Flexibilität, auch den Vorteil, dass Sie mit ihm eine Weste oder einen Cummerbund tragen können, was dem Outfit zusätzliche Eleganz gibt. Als Grundausstattung sollten Sie daher folgende Kombination anschaffen.

Einen kleinen Gesellschaftsanzug bestehend aus:

- ▶ *Einem einreihigen Jackett mit steigenden Revers und Besätzen aus Seidensatin*
- ▶ *Einer Weste mit einem U-förmigen, tiefen Ausschnitt*
- ▶ *Einer Hose mit einem Galon aus Seidensatin*
- ▶ *Einem weißen Hemd mit plissierter Brustpartie, sichtbarer Knopfleiste, Umlegemanschetten und einem Umlegekragen*
- ▶ *Dazu ein Satz Knöpfe bestehend aus: vier goldenen Einsteckknöpfen (im Englischen als „Studs" bezeichnet) und einem Paar Manschettenknöpfen mit einer Füllung aus Onyx*

- *Einer schwarzen Schleife aus Seidensatin mit geraden Enden (Bat Wing)*
- *Einem weißen Einstecktuch aus Leinen*
- *Einem Paar Plain-Cap Oxfords aus Lackleder mit dünner Sohle. Wenn Sie mutig – und wirklich stilbewusst sind – dann greifen Sie stattdessen zu schwarzen Opernpumps mit Seidenschleifen.*
- *Einem Paar knielange schwarze Seidenstrümpfe*

—— Interessante Adressen

Da sich ein Smoking nur in der Farbe und zu Teilen in den zur Verwendung kommenden Materialien von einem Anzug unterscheidet, sind die Adressen im Kapitel Anzüge auch für dieses Kapitel relevant. Unter den dort erwähnten Firmen befinden sich jedoch drei Schneider, die hier nochmals erwähnt werden sollten, da sie für ihre speziellen Interpretationen des Smokings bekannt sind. Eine dieser Firmen, Henry Poole & Co., kann sich sogar damit brüsten, im Jahr 1865 den ersten Smoking überhaupt geschneidert zu haben. Der Auftraggeber des guten Stücks war kein geringerer als der damalige Prince of Wales und spätere König Edward der VII.

Henry Poole & Co.
www.henrypoole.com
—

Tom Ford
www.tomford.com

Thom Sweeney
www.thomsweeney.co.uk

>

Frack

Der Frack ist die Krönung einer jeden Garderobe. Er ist das eleganteste Kleidungsstück, das ein Mann tragen kann. Wie ein Aristokrat seinen Stammbaum zurückverfolgen kann, so kann auch der Frack auf eine ungebrochene Linie zurückschauen, die ihn über mehr als 200 Jahre hinweg direkt mit dem Urvater aller formellen Kleidung, der Reitjacke, verbindet. Bis zum Beginn des Zweiten Weltkriegs war der Frack die Abendgarderobe der Wahl. In einem Smoking oder gar in einem einfachen Anzug wäre man zu förmlichen Abendanlässen hoffnungslos „underdressed" gewesen. Ist heute tatsächlich einmal „White Tie" beziehungsweise „Großer Gesellschaftsanzug" auf einer Einladung zu lesen, dann ist der Anlass wahrscheinlich ein staatstragender. Wenn Sie sich nicht in der privilegierten Position sehen, zu Staatsbanketten oder Botschaftsempfängen eingeladen zu werden, wird Ihr Frack leider die meiste Zeit in Ihrem Schrank verbringen.

—— Grundlagen

Wenn Sie sich trotz der verschwindend geringen Anzahl an Gelegenheiten dazu entscheiden, einen Frack mit seinen Accessoires zu erwerben, gebührt Ihnen dafür großer Beifall. Beachten Sie dann auch die folgenden Hinweise, können Sie in dem erhebenden Gefühl schwelgen, das Ihnen nur ein Frack mit Zylinder und Lackschuhen zu vermitteln vermag.

Der große Gesellschaftsanzug besteht aus folgenden Kleidungsstücken:

Einen Frack mit seidenen Revers
(Der englische Begriff „Tail Coat" verweist auf die Rockschöße des Jacketts.)
Wie der Smoking, so hat auch die Frackjacke steigende Revers. Die Frackschöße sollten bis zu den Kniekehlen reichen. Der vordere, untere Teil der Jacke ist so hoch ausge-

schnitten, dass nur die obersten Knöpfe der vormals doppelreihigen Knopfleiste übrig geblieben sind. Diese lassen sich nicht schließen. Die Frackjacke wird immer offen getragen.

Einer Frackhose mit zwei parallel verlaufenden, seidenen Galons

Die Hose zur Frackjacke hat zwei seidene Galons. Der Hosenbund muss unter allen Umständen unter der zum Outfit gehörenden Weste verschwinden. Damit dies der Fall ist, sollte die Hose von Hosenträgern gehalten werden. Traditionellerweise ist sie dafür mit einem „Fishtail" – einem auf den Rücken reichenden Fortsatz, der einem Fischschwanz ähnelt – ausgestattet. Daran wird der Hosenträger mit Knöpfen befestigt. Hosenaufschläge sind beim Frack absolut tabu. Damit die Verhältnisse zwischen Hose, Weste und Jacke stimmen, muss die Hose einen Hochbund besitzen, der auf Höhe des Bauchnabels liegt.

Einem Frackhemd mit einfachen Manschetten, verstärkter Brustpartie und einsetzbaren Brust- und Manschettenknöpfen

Ein abnehmbarer Kläppchenkragen ist für das Frackhemd obligatorisch. Er wird mittels Einsteckknöpfen befestigt und sollte gut gestärkt und formstabil sein. Die Front sollte aus gestärktem Baumwollpiqué gefertigt sein.

Einer weißen Weste

Wie die Hemdfront, so sollte auch die Weste gestärkt und aus Baumwollpiqué gefertigt sein. Sie ist V-förmig, tief ausgeschnitten und wird mit stoffbezogenen Knöpfen geschlossen. Der Saum der Weste sollte, auch wenn manchmal das Gegenteil behauptet wird, nicht unter dem Saum der Jacke hervorschauen.

Einem schwarzen Zylinder

Der Zylinder ist die korrekte Kopfbedeckung, wenn Sie einen Frack tragen. Es gibt ihn in verschiedenen Ausführungen, so zum Beispiel mit hoher oder niedriger Krone und wahlweise in Schwarz oder Grau. In Verbindung mit dem Frack kommt nur die schwarze Variante infrage. Die Höhe der Krone kann Ihren Vorlieben entsprechen.

Einem weißen Binder (White Tie)

Der Binder zum Frack ist aus Baumwollpiqué gefertigt. Baumwolle wird der edleren

Seide vorgezogen, damit die Materialien der Hemdbrust, der Weste und des Binders eine Einheit bilden. Die Wahl der Form des Binders liegt bei Ihnen.

Einem Einstecktuch

Kein anderes Outfit ist so stark mit Regeln belegt wie der große Gesellschaftsanzug und kein anderes Outfit fordert die Einhaltung dieser Regeln so vehement ein. Wenn es Raum für Individualität gibt, dann bei der Wahl der Hemd- und Manschettenknöpfe und bei der Farbe des Einstecktuches. Vor die Wahl gestellt, sollte man immer die Knöpfe als Feld für Experimente vorziehen. Edelsteine anstelle der bekannten – und sehr passenden – Onyx- oder Perlmuttfüllungen wären nur eine Variante. Ein kreativer Juwelier wird Ihnen noch einiges mehr empfehlen können. Dunkelrot, ein dunkles Grün oder Lila wären denkbare Farben für ein Einstecktuch. Weiß ist aber noch immer die beste Wahl.

Einem Paar Lacklederschuhe

Lacklederschuhe sind auch zum Frack die richtigen Begleiter. Im Gegensatz zum Smoking, der sowohl von einem Paar Oxfords als auch von Pumps begleitet werden kann, ist der passende Schuh für den Frack eindeutig der schwarze Opernpump mit Seidenschleife. Schwarze Seidenstrümpfe gehören ebenfalls dazu.

Wenn in Filmen ein Frack getragen wird, dann sieht man ihn oftmals begleitet von einem weißen Seidenschal. Die einzige Gelegenheit, in der dieses Accessoire wirklich nicht negativ auffallen würde, wäre in einer zweitklassigen Broadway Show. Der Seidenschal wirkt sogar dann merkwürdig, wenn Sie ihn tatsächlich zusammen mit dem Mantel als Kälteschutz auf dem Weg zu einem entsprechenden Anlass tragen. Ein schwarzer Kaschmirschal wäre in diesem Fall passender. Erst einmal angekommen, gehört der Schal natürlich in die Garderobe und nicht um den Hals gelegt.

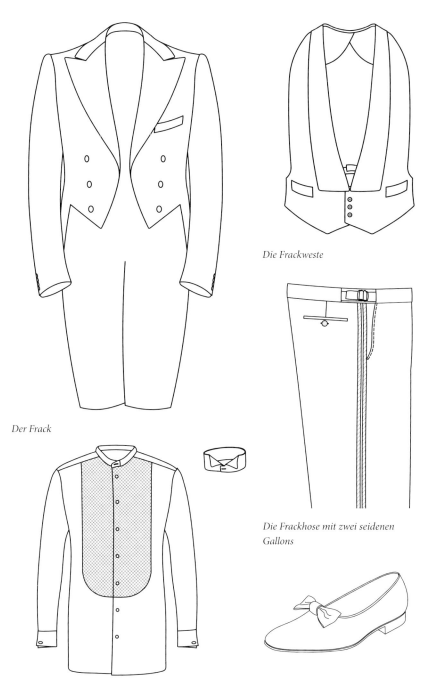

Der Frack

Die Frackweste

Die Frackhose mit zwei seidenen Gallons

Frackhemd mit „Detachable Wing Collar"

Der schwarze Opernpump mit Seidenschleife als Begleiter zum Frack

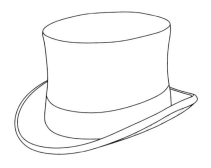

Der Zylinder

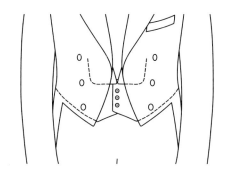

Der Frack sollte die Spitzen der Weste immer abdecken.

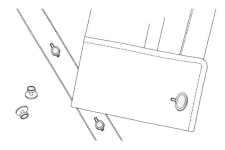

Manschetten- und Hemdenknöpfe (Studs), wie sie zum Frack und zum Smoking getragen werden.

Ein Paar weiße Handschuhe gehören ebenfalls zum Frack.

——— *Qualität erkennen*

Wie bei jedem anderen Outfit steht und fällt auch beim Frack der hochwertige Gesamteindruck mit der guten Qualität jedes einzelnen Kleidungsstücks. Ein in seiner Wirkung nicht zu unterschätzendes Detail ist die Farbwirkung des Stoffes. Dieser wird maßgebend von der Oberflächenstruktur und dem Glanz beeinflusst. Sollten Sie sich einmal das Vergnügen gönnen, eine Maßanfertigung bei einem der weltbekannten Schneider in der Londoner Savile Row zu bestellen, werden Sie in Sachen Stoff die sprichwörtliche Qual der Wahl haben. Selbst für die Farbe Schwarz stehen Ihnen dort nicht etwa „nur" einige Dutzend Stoffe zur Auswahl, sondern Hunderte. Schwarz ist eben nicht gleich Schwarz. Es lohnt sich jedoch, die Stoffbücher zu wälzen. Ein guter

Stoff sollte auch bei künstlichem Licht seinen Ausdruck, gerade in Bezug auf die Farbwirkung, nicht verändern. Schwarz tendiert dazu, bei kaltem Licht grünlich zu reflektieren. Dies ist einer der Gründe, weshalb man in Verbindung mit der Abendgarderobe gerne auf Nachtblau zurückgreift, da dunkles Blau bei Kunstlicht als sehr reines Schwarz wahrgenommen wird. Für den Frack ist jedoch Schwarz die klassische Farbe. Suchen Sie also nach einem Stoff, der auch bei künstlicher Beleuchtung lichtecht, im Falle des Fracks also schwarz erscheint.

Kaufempfehlung

Ihr Frack sollte aus folgenden Kleidungsstücken bestehen:
- ► *Einer schwarzen Frackjacke mit steigenden Revers und Besätzen aus Seidensatin*
- ► *Einer weißen Weste aus Baumwollpiqué mit einem V-förmigen, tiefen Ausschnitt*
- ► *Einer schwarzen Hose mit doppeltem Galon*
- ► *Einem weißen Hemd mit einer gestärkten Brustpartie aus Baumwollpiqué, sichtbarer Knopfleiste, einfachen Manschetten und einem abnehmbaren Kläppchenkragen. Dazu ein Satz Knöpfe bestehend aus: vier goldenen Einsteckknöpfen und einem Paar Manschettenknöpfen mit einer Füllung aus Onyx.*
- ► *Einem schwarzen Zylinder*
- ► *Einer weißen Schleife aus Baumwollpiqué mit geraden Enden (Bat Wing)*
- ► *Einem weißen Einstecktuch aus Leinen*
- ► *Einem Paar schwarzen Opernpumps mit Seidenschleifen*
- ► *Einem Paar schwarzer Seidenstrümpfe*

Tipp: Moderne Zylinder bestehen aus gebürstetem Haarfilz, der einen edlen, seidenartigen Glanz erzeugt. Mit einem solchen Zylinder sind Sie gut gekleidet. Als besonders stilvoll gelten jedoch jene Exemplare, die nicht nur wie Seide glänzen, sondern auch mit Seidenstoff bezogen sind. Diese Art Zylinder wird heute nicht mehr hergestellt, weshalb sich ein exklusiver Markt für antike, restaurierte Stücke entwickelt hat. Investieren Sie in einen Seidenzylinder und Ihr Outfit ist vollkommen.

Interessante Adressen

Ein Ereignis, zu dem sich alljährlich eine beträchtliche Anzahl an Frackträgern versammelt, ist der Wiener Opernball. Ein nicht geringer Anteil der Herren, die dort ihren Frack tragen, dürfte vorher einem der traditionsreichsten österreichischen Schneider einen Besuch abgestattet haben. Man kann also davon ausgehen, dass der Herrenschneider Knize, von dem hier die Rede ist, seit den Zeiten, als er für das Haus Habsburg schneiderte, eine gewisse Routine im Anfertigen des Fracks erworben hat. Knize findet daher an dieser Stelle eine besondere Erwähnung, was nicht heißen soll, dass die maßschneidernde Konkurrenz nicht auf einem vergleichbar hohen Niveau arbeitet. Auf eine lange Tradition in Sachen festlicher Kleidung kann auch der Herrenschneider Henry Poole zurückblicken. Er hat nicht nur den ersten Smoking gefertigt, sondern auch den Frack für einen seiner berühmtesten Träger – Fred Astaire.

Henry Poole & Co.
www.henrypoole.com

Mode Atelier Knize
www.knize.at

>

Morning Dress

Das Morning Dress war ursprünglich ein Reitoutfit. Getragen wurde es bei morgendlichen Ausritten, was die Erklärung für den Namen liefert. Die alternative Bezeichnung „Cutaway Coat" oder kurz „Cut" beschreibt die Form der Frontpartie der Jacke. Diese ist zur Seitennaht hin in einer konvexen Bewegung abgeschnitten, also „cut away". Im Gegensatz zum Frack lässt sich der Cut mit einem Knopf schließen. Ihn offen zu tragen ist aber durchaus üblich. Der Cut ist das passende Outfit für festliche Anlässe am Tage. Allerspätestens um 19 Uhr sollte er aber wieder im Schrank verschwunden sein. Außer zu Hochzeiten und Beerdigungen wird der Cut vor allem in Großbritannien zu formellen Reitveranstaltungen, wie dem bekannten Royal Ascot oder auch zum Derby in Epsom, getragen. Das Morning Dress ist, wie alle formellen Outfits, mit einer ganzen Reihe von Goes and No-Goes belegt, über die alleine man ein Buch schreiben könnte. Das Einhalten dieser Regeln führt zweifellos zu einem sehr eleganten Auftritt. Es transportiert aber vor allem eine Botschaft: „Seht her, ich habe mich korrekt gekleidet. Ich will dazugehören." Der Dresscode führt nicht umsonst den Bestandteil „Code" im Namen. Sie tragen die Botschaft eines bestimmten Lebensstils zur Schau, und diese wird von all jenen „gelesen", die in der Lage sind, den Code zu entschlüsseln.

——— Grundlagen

Neben dem hier bereits erwähnten Umstand, dass der Cut nicht nach 19 Uhr getragen wird, sollten noch die folgenden Hinweise Beachtung finden:

Zu Hochzeiten ist es das Privileg des Bräutigams und des Brautvaters, einen grauen Cut zu tragen. Wenn Sie vorab nicht in Erfahrung bringen können, ob diese Personen von ihrem Privileg Gebrauch machen, sollten Sie in jedem Fall Schwarz tragen.

Zu einem grauen Morning Dress sollte ein grauer Zylinder getragen werden. Wenn Sie sich für die schwarze Variante entschieden haben, dann sollte auch der Zylinder schwarz sein. Zu Sportveranstaltungen und hier im Speziellen bei Pferderennen ist der graue Zylinder passend, was nicht heißen soll, dass ein schwarzes Exemplar absolut unpassend ist.

Bei der Wahl der Farbe der Weste haben Sie verschiedene Möglichkeiten. Grau ist wohl die am häufigsten getragene Farbe. Als Alternative steht der Farbton „Buff" zur Verfügung. Dieser warme Beigeton ist sehr klassisch und gerade in Großbritannien durchaus beliebt. Abgesehen von Grau und „Buff" könnten Sie auch andere Farben wählen. Diese sollten allerdings nicht zu auffällig sein. Pastelltöne sind hier am besten geeignet. Auch Cremeweiß wäre eine Option für die Weste.

Bei der Hose haben Sie etwas weniger Auswahl als bei der Weste. Die Hose sollte traditionellerweise aus grauen Nadelstreifen gefertigt sein oder ein grau-schwarzes Streifenmuster aufweisen. Alternativ ist auch ein uni gefärbter mittlerer Grauton akzeptabel. Muster wie zum Beispiel Fischgräten oder Prince of Wales wirken zu auffällig und sollten daher vermieden werden. Hosenaufschläge sind nicht vorgesehen.

Als Schuh ist ein einfacher schwarzer Lederschuh zu empfehlen, der nach Möglichkeit keine Zehenkappe hat. Ein Paar schwarze „Toe-Cap" Oxfords sind aber im Allgemeinen akzeptiert. Da es sich, historisch gesehen, um ein Reitoutfit handelt, sind auch halbhohe Reitstiefel eine durchaus korrekte, wenn auch etwas exzentrische Wahl. Jodhpurs oder Chelsea Boots würden unter diese Kategorie fallen.

Im Gegensatz zu Frack und Smoking wird zum Cut kein Binder getragen. Eine graue Krawatte mit einem schlichten Muster ist korrekt. Zu Veranstaltungen wie Royal Ascot kann auch eine „bunte" Krawatte getragen werden. Wenn Sie sich für die „bunte" Variante entscheiden, dann sollten Sie nicht zu sehr auf Harmonie bedacht sein. Wenn die Farben von Weste, Einstecktuch und Krawatte sich ein bisschen „beißen", dann kann das durchaus von gutem Stil zeugen. Übertreiben sollten Sie es aber nicht, das wäre dann wiederum schlechter Stil.

Das Hemd ist im Regelfall weiß und hat einen normalen Umlegekragen sowie Umlegemanschetten. Für sportliche Anlässe wären andere Farben denkbar. Ein blasses Blau, Rosa oder auch Cremeweiß sind vorstellbare Alternativen. In jedem Fall sollten der Kragen und die Manschetten weiß sein.

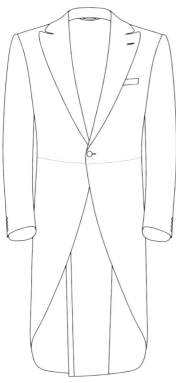

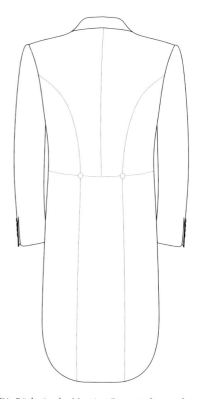

Der klassische Morning Coat mit einem Knopf und steigenden Revers

Die Rückseite des Morning Coat mit dem traditionellen Knopfdetail

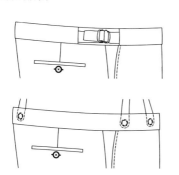

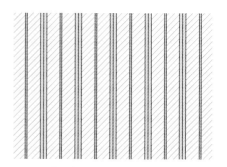

Zum Morning Dress gehört eine Hochbundhose mit Seitenschnallen oder Hosenträgern.

Die Hose besteht aus einem dezent gestreiften schwarz-grauen Wollstoff.

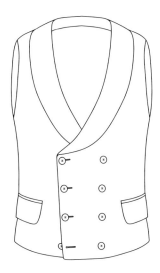

Das Morning Dress kann auch mit einer zweireihigen Weste komplettiert werden.

Alternativ bietet sich auch eine etwas üppigere Variante in Form einer zweireihigen Weste mit Schalkragen an.

Der Zylinder zum Morning Dress

Ein schwarzer Oxford ist die sichere Wahl zum Morning Dress.

Qualität erkennen

Die Frage, warum man ein geliehenes Outfit so gut als solches identifizieren kann, ist schwer zu beantworten. Die gute Passform oder vielmehr deren Fehlen kann ein deutlicher Hinweis sein. Dies allein reicht aber noch nicht, um sich ein sicheres Urteil erlauben zu können. Es ist vielmehr die Abwesenheit von Charakter und Persönlichkeit, die das Outfit letztlich als geliehen entlarvt, ja geradezu zur Verkleidung werden lässt. Sich gut zu kleiden heißt also auch immer, seiner Kleidung Charakter und Persönlichkeit zu verleihen. Die Qualität – nicht nur eines Morning Dress – liegt folglich in der gekonnten Abstimmung von gut getragenen und gealterten Kleidungsstücken mit solchen, die erst noch Patina ansetzen müssen. Ein hochwertig verarbeitetes Kleidungsstück aus guten Materialien hat immer das Potenzial, ein Charakterstück zu werden. Billige Massenware hat dies niemals. Daher gilt auch für das Morning Dress – besser kaufen und lange tragen als im Kostümverleih mieten.

——— *Kaufempfehlung*

Ihr Morning Dress sollte sich aus diesen Kleidungsstücken zusammensetzen:

- ▸ *Einem schwarzen, einreihigen Morning Coat aus einem mittelschweren Wollstoff mit einem kleinen Fischgrätenmuster.*
- ▸ *Einer beigefarbenen (buff), einreihigen Weste*
- ▸ *Grau-schwarz gestreiften Hochbundhosen ohne Aufschläge*
- ▸ *Einem weißen Hemd aus Baumwolle mit einem Umlegekragen und Umlegemanschetten*
- ▸ *Einer mittelgrauen Seidenkrawatte mit dezenter Webstruktur*
- ▸ *Einem schwarzen Zylinder*
- ▸ *Einem Paar schwarze Oxfords*
- ▸ *Einem Paar schwarze Strümpfe*
- ▸ *Einem Paar mittelgraue Handschuhe aus Peccary- oder Hirschleder*

——— *Interessante Adressen*

Da das Morning Dress heute vor allem noch in Großbritannien mit schöner Regelmäßigkeit zum Einsatz kommt, sind die Schneider auf der Insel eine naheliegende Adresse. Wenn Sie sich für eine Maßfertigung entscheiden, helfen Ihnen die Adressen im Kapitel Anzüge weiter. Ein hochwertiges Morning Dress von der Stange finden Sie hier:

Ede & Ravenscroft
www.edeandravenscroft.co.uk

Favourbrook
www.favourbrook.com

Accessoires

Manschettenknöpfe

Wenn Krawatten und Einstecktücher schon zu jenen Accessoires zählen, deren Wirkung ungleich größer ist als ihre tatsächlichen Ausmaße, dann gilt dies für Manschettenknöpfe noch umso mehr. Der Spruch „Kleines Ding – große Wirkung" bringt es auf den Punkt und somit müssen gerade Manschettenknöpfe mit größter Sorgfalt ausgewählt werden.

Grundlagen

Manschettenknöpfe sind ein formelles Accessoire und sollten daher auch nur zu formeller Kleidung wie dem Anzug, Frack oder Smoking getragen werden. Mit Jackett oder Blazer können Manschettenknöpfe ebenfalls getragen werden, das ganze Outfit sollte dann aber eher „updressed" sein. Zu Jeans passen Manschettenknöpfe sicher nicht.

Manschettenknöpfe mit Edelsteinen können am Abend zu Smoking oder Frack getragen werden und dem festlichen Outfit noch zusätzlichen Glanz verleihen. Bei Tag sollte man jedoch davon absehen, welche zu tragen.

Knöpfe mit lustigen Motiven sind, genau wie Motivkrawatten, mit Vorsicht zu geniessen. Sie haben in den seltensten Fällen den gewünschten Effekt und wirken in der Regel lächerlich. Mit Erfahrung und Fingerspitzengefühl gewählte Exemplare können jedoch die Ausnahme sein, die die Regel bestätigt.

Als Materialien kommen Seide sowie Gold und Silber infrage. Gold und Silber können mit diversen Edelsteinen, Perlmutt, Emaille oder auch Seide kombiniert sein. Versilberte oder vergoldete Metalle sind eine günstige Alternative.

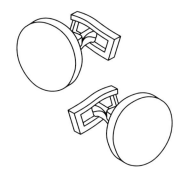

Manschettenknöpfe mit „T-Bar" Verschluss

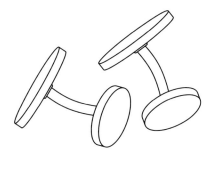

Manschettenknöpfe mit Verbindungssteg

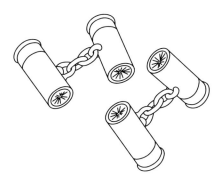

Motiv-Manschettenknöpfe

Ein- oder mehrfarbige Seidenknoten

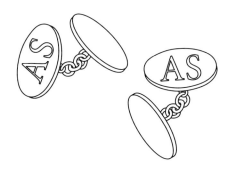

*Ovale Manschettenknöpfe mit Verbindungskette
(Chain-Linked Cufflinks)*

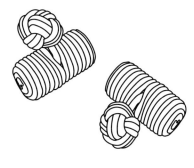

„Barrelknots" aus Seide

Qualität erkennen

Sie können ein schönes Paar Manschettenknöpfe schon für einen kleinen zweistelligen Betrag erwerben, Sie können aber auch einen hohen vierstelligen Betrag investieren. Egal, wofür Sie sich entscheiden, die Qualität eines Manschettenknopfes zeigt sich vor allem in seiner Optik und nicht im Preis. Bei Exemplaren aus Edelmetall können Sie sich zumindest an vorhandenen Prägezeichen orientieren. Davon abgesehen sollten Sie sich beim Kauf vor allem auf Ihr Kombinationsgeschick verlassen.

Kaufempfehlung

Neben Krawatten und Einstecktüchern sind auch Manschettenknöpfe ein guter „Farbträger", der Ihnen Raum zur Individualisierung Ihrer Kleidung gibt und Ihren persönlichen Vorlieben Ausdruck verleiht. Konkrete Farbempfehlungen sind daher nicht angebracht. Denken Sie beim Kauf nur daran, dass mindestens eine der gewählten Farben in einem anderen Teil der damit getragenen Accessoires (z.B. Krawatte, Einstecktuch oder Strümpfe) enthalten sein sollte. Was die Modelle anbelangt, sind folgende Varianten zu empfehlen:

▶ *Ein- oder mehrfarbige Seidenknoten*
▶ *Ovale Chain-Linked Cufflinks*

Tipp: Geerbte Manschettenknöpfe zu tragen zeugt von gutem Stil und gibt einem neuen Outfit Patina. Sollten Sie nicht zu den Glücklichen gehören, die mit einem schönen Paar bedacht wurden, müssen Sie dennoch nicht darauf verzichten. Floh- und Antikmärkte sowie Antiquariate und Gebrauchtschmuckhändler bieten eine interessante Auswahl an „Erbstücken".

Interessante Adressen

Asprey
www.asprey.com
—
New & Lingwood
www.newandlingwood.com

Juweliere in der Burlington Arcade
www.burlington-arcade.co.uk
—
Turnbull & Asser
www.turnbullandasser.co.uk

Einstecktücher

„If John Bull turns around to look at you, you are not well dressed; but either too stiff, too tight, or too fashionable." Dieses Zitat von Beau Brummel ist zweifellos korrekt, für das Tragen eines Einstecktuches allerdings problematisch. Dieses vergleichsweise kleine Stück Stoff erregt nämlich große Aufmerksamkeit und verlangt dem Träger ein gewisses Maß an Selbstsicherheit ab. Schlechter Stil ist es aber dennoch nicht. Schließlich ist und bleibt das Einstecktuch ein fester Bestandteil der klassischen Garderobe und eines der wenigen Accessoires, das Männern die Möglichkeit gibt, Farbe in ihr Outfit zu bringen.

Grundlagen

Das Einstecktuch ist streng genommen ein Gebrauchsgegenstand. Ein Taschentuch, mit dem Sie einen Fleck von der Kleidung entfernen, sich den Schweiß von der Stirn tupfen oder auch die Nase putzen. Vor diesem Hintergrund betrachtet, gibt es nur zwei Möglichkeiten, wie Sie das Einstecktuch tragen können: präzise gefaltet und damit ungebraucht oder „wild" in die Brusttasche gestopft und folglich gebraucht aussehend. Wirklich benutzen sollten Sie es aber nur in Notfällen.

Die letzte der vorgenannten Varianten, das „wilde" Stopfen des Einstecktuches, ist ein wenig paradox, denn auch hierbei wird das Tuch mehr oder minder kunstvoll gefaltet. Das Ergebnis sollte aber immer so aussehen, als hätten Sie dem Vorgang wenig oder gar keine Beachtung geschenkt. Am einfachsten erreichen Sie dies, indem Sie das Tuch schnell in die Tasche schieben. Wenn Sie zu viel Zeit mit dem Arrangieren zubringen, sieht das Ergebnis am Ende meistens etwas gequält aus.

Das präzise gefaltete Einstecktuch sieht nur dann wirklich gut aus, wenn der Rest Ihres Outfits ebenfalls absolut scharfkantig und faltenfrei daherkommt. Eine solche Erscheinung ist, abgesehen davon, dass es ihr an „sprezzatura" mangelt, nur schwer über den Tag zu retten. Diese Variante ist deshalb nur für nicht allzu lang getragene Outfits, wie beispielsweise den Smoking oder den Frack, zu empfehlen.

Die Hauptfarbe des Einstecktuches sollte in einem anderen Teil Ihrer Kleidung gespiegelt sein. Wenn Sie eine Krawatte tragen, dann können Sie die Hauptfarbe des Tuches auf eine Nebenfarbe der Krawatte abstimmen. Die Farbe der Strümpfe oder die eines Gewebegürtels sind ebenfalls gute Ausgangspunkte, um eine stilvolle Kombination zu erzeugen. Alternativ dazu können Sie die Farbpalette Ihres Outfits auch ergänzen. In diesem Fall sollten alle Nebenfarben miteinander harmonieren und im Kontrast zur Hauptfarbe des Outfits stehen.

Vermeiden Sie es, Muster und Farben gänzlich anzugleichen. Das Einstecktuch ist ein Spannungspunkt in Ihrem Outfit. Um dieser Funktion gerecht werden zu können, muss es immer in einem mehr oder minder starken Kontrast zu den übrigen Kleidungsstücken stehen. Nichts sieht einfältiger und langweiliger aus als ein Einstecktuch, das aus dem gleichen Stoff wie die Krawatte gefertigt ist. Vielmehr sollten sich die Oberflächenstruktur und die Feinheit des Stoffes vom Rest der Kleidung und im Speziellen vom Stoff der getragenen Jacke absetzen.

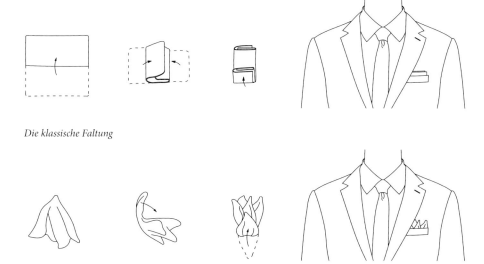

Die klassische Faltung

Die Puff-Faltung

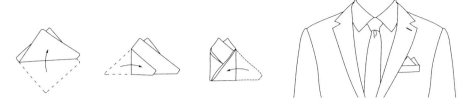

Die Spitzen- oder Kronenfaltung

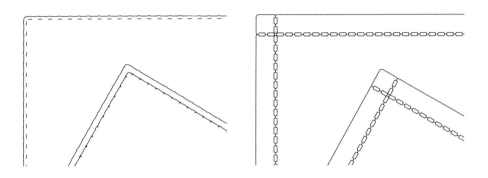

Einstecktuch mit handgerollter Kante   *Einstecktuch mit Hohlsaum*

——— *Qualität erkennen*

Man sollte meinen, dass bei einem so einfachen Accessoire wie dem Einstecktuch in Sachen Qualität nicht viele Dinge zu beachten sind. Es ist tatsächlich weitaus komplizierter, die Qualität eines Anzuges oder eines Hemdes zu bestimmen. Dennoch sollten auch bei der Auswahl eines Einstecktuchs einige Details beachtet werden.

Ein gutes Einstecktuch hat von Hand gerollte und umsäumte Kanten. Beides können Sie relativ einfach an den Unregelmäßigkeiten erkennen, die der Handarbeitsprozess mit sich bringt. Die Stiche der Naht sind nicht absolut regelmäßig und auch die gerollte Kante ist nicht an jeder Stelle gleich. Bei einem maschinell hergestellten Einstecktuch findet man diese Ungenauigkeiten nicht. Man könnte nun argumentieren, dass die maschinelle Methode aufgrund der höheren Präzision die hochwertigere ist. Der individuelle Ausdruck, den der Handarbeitsprozess erzeugt, ist jedoch charaktervoller und vor allem wesentlich stilvoller als jede maschinell gefertigte Massenware aus Fernost.

Wie bei Krawatten und Schleifen können auch bei Einstecktüchern Muster wahlweise auf den Stoff aufgedruckt oder in diesen eingewebt sein. Beide Methoden können von guter Qualität sein, welche sich aber erst in der Randschärfe der Muster zeigt. Eine starke Pixeloptik bei gewebten Mustern oder ausgerissene Farbe entlang der Kanten der Druckmuster zeugen nicht von hoher Qualität.

Damit Ihr Einstecktuch nicht ständig in der Tasche verschwindet, sollte es mindestens 30 x 30 Zentimeter groß sein. Ideal sind 40 x 40 Zentimeter. Größere Exemplare beulen die Brusttasche der Jacke unnötig aus.

—————— *Kaufempfehlung*

Für ein hochwertiges Einstecktuch sollten sie bereit sein, mindestens 45 Euro zu bezahlen. Der Preis mag für ein vergleichsweise kleines Stückchen Stoff hoch erscheinen, ist aber aufgrund des hohen Anteils an Handarbeit gerechtfertigt. Die folgenden Tücher bilden eine Kombinationsgrundlage für Ihre Grundgarderobe.

▶ *Ein weißes Leineneinstecktuch*
▶ *Ein dunkelblaues Leineneinstecktuch*
▶ *Ein dunkelblaues Seideneinstecktuch mit weißen Polka-Dots*
▶ *Ein weinrotes Seideneinstecktuch mit gelben Polka-Dots*
▶ *Ein mittelbraunes Woll- oder Kaschmireinstecktuch*
▶ *Ein dunkelgrünes Bandana-Print Leineneinstecktuch*

Tipp: Die Wahl des richtigen Einstecktuches erfordert eine sichere Hand bei der Kombination von Farben, Mustern, Stoffarten und Oberflächenstrukturen. Sie können sich die Auswahl etwas erleichtern, indem Sie uni gefärbte Tücher verwenden, die nur einen schwachen Kontrast zum restlichen Outfit bilden. Kontrastierende Oberflächenstrukturen sind leichter zu bestimmen. Versuchen Sie sich zunächst da-

mit und steigern Sie den Schwierigkeitsgrad langsam. Denjenigen unter Ihnen, welche absolut sicher sein wollen, keinen Stilbruch zu begehen, sei das einfache weiße Leineneinstecktuch empfohlen. Es ist nicht sonderlich einfallsreich, aber nie falsch.

——— Interessante Adressen

Drakes
www.drakes-london.com
—

Hermès
www.hermes.com
—

Pochette-Square
www.pochette-square.com

Edsor
www.edsor.de
—

Peckham Rye
www.peckhamrye.com
—

Shibumi
www.shibumi-berlin.com

Taschen & Aktenkoffer

Für all diejenigen, welche sich an feinem Leder erfreuen, sind Taschen weit mehr als nur ein Transportbehältnis. So wie auf dem Leder hochwertiger Schuhe kann sich auch dem einer Ledertasche Patina bilden. Tatsächlich ist der tiefe Glanz einer über die Jahre gepflegten Tasche nicht nur ein schöner Anblick, sondern auch ein Statement. Die in Ehren gealterte Ledertasche mit speckigem Griff und einem Paar auspolierten Schrammen spricht, genau wie eine gut getragenen Barbourjacke, Bände über ihren Besitzer und dessen Wertvorstellungen. „Membership since …" ist hier das Stichwort und es besagt: „Ich mag gute Qualität, Langlebigkeit und Kontinuität und all das nicht erst seit gestern." Nebenbei können Sie mit einer solchen Tasche einem neuen Outfit die für guten Stil wichtigen Zutaten Patina und Charakter verleihen.

—— Grundlagen

Die Vielzahl an verschiedenen Modellen, die sich in den Läden findet, steht, zumindest bei den klassischen Vertretern ihrer Gattung, für die Viehlzahl von Aufgaben, die sie erfüllen sollen. Die maßgebenden Formen und Designs haben sich dabei über Jahrzehnte, sogar Jahrhunderte, hinweg entwickelt und sind immer weiter verfeinert worden. Das heute allerorten bequem über der Schulter getragene „Messenger Bag", welches sich in so vielen Designerkollektionen wiederfindet, ist tatsächlich keine neue Erfindung. Wie der Name schon sagt, handelt es sich um eine Botentasche, die nicht aus Bequemlichkeit über der Schulter getragen wurde, sondern damit der Bote die Hände freihatte, um ein in der Tasche getragenes Schriftstück seinem Empfänger übergeben zu können.

Am Beispiel des Messenger Bag zeigt sich einmal mehr, dass Sie vor einer Anschaffung für sich selbst klarstellen sollten, wofür Sie ein Kleidungsstück oder in diesem

Fall eine Tasche benötigen. Ganz besonders gilt dies für Accessoires aus Leder, die das Potenzial haben, Ihnen ein Leben lang zu dienen, und dementsprechend nicht günstig sind. Wenn Sie erst einmal einen im Zweifel vierstelligen Betrag in eine Ledertasche investiert haben, dann ist es sehr ärgerlich, nachträglich feststellen zu müssen, dass ein lederner Aktenkoffer doch die bessere Wahl gewesen wäre.

Ein Aspekt, der vor dem Kauf in Betracht gezogen werden sollte, ist die Kleidung, mit der zusammen eine Tasche, ein Aktenkoffer oder auch ein Rucksack getragen werden soll. Wenn Sie einen Anzug tragen, dann sollten Sie auf Umhängetaschen und Rucksäcke verzichten.

Es ergibt wenig Sinn, einen Maßschneider mit der Anfertigung eines Anzuges zu beauftragen oder lange nach einem passenden Modell von der Stange zu suchen, um dann die formvollendet ausgearbeitete Schulter unter einem Tragegurt zu zerquetschen. Eine Tragetasche (nicht gemeint sind solche aus dem Supermarkt) ist, genau wie ein Aktenkoffer, in Kombination mit einem Anzug viel passender. Für ein Sportjackett gilt dies gleichermaßen. Wenn Sie keinen Anzug tragen, erweitert sich die Auswahl um die Umhängetasche. Über einem Sweater oder einer Jacke getragen, funktioniert diese Tasche sehr gut. Auch der Rucksack funktioniert in Verbindung mit einem Sweater oder einer Jacke. Er ist immer dann eine gute Wahl, wenn Sie Dinge über lange Strecken mit sich herumtragen müssen. In der Stadt ist er jedoch fehl am Platz, da er, auf dem Rücken getragen, nur für Taschendiebe gut erreichbar ist. Ihn jedes Mal, wenn Sie Ihr Portemonnaie oder Mobiltelefon benötigen, ablegen zu müssen, ist sehr umständlich und entspricht nicht seinem Zweck.

Neben der Kleidung hat auch der Anlass Einfluss auf die Wahl des Transportbehältnisses. Anders als die Damen, sollten die Herren, wenn es sehr formell zugeht, auf das Mitführen von Taschen verzichten. In diesem Fall muss das Nötigste in der Kleidung verschwinden oder in der Handtasche der Partnerin Platz finden. In ersterem Fall ist „verschwinden" wörtlich zu nehmen. Ausgebeulte Taschen und die Silhouette des Mobiltelefons in der Gesäßtasche sind zu vermeiden. Wenn der berufliche Dresscode das Tragen eines Anzuges verlangt, sind Aktenkoffer oder Aktentaschen sowie Folios die richtige Wahl. Umhängetaschen und Rucksäcke sind ideale Freizeitbegleiter.

Neben Leder gilt Segeltuch (engl. Canvas) als ein klassisches Material für Taschen. Den robusten Stoff gibt es in einer Vielzahl von Farben. Taschen aus Segeltuch sind vor allem im Sommer eine leichte Alternative zu Leder. Da sie günstiger sind als Ledertaschen, sind sie außerdem gut geeignet, um Abwechslung in Ihre Garderobe zu bringen. Taschen, die aus einer Kombination von Leder und Segeltuch gefertigt sind, eignen sich als Einsteigermodelle, da auch sie verhältnismäßig günstig sind. Gegenüber Exemplaren, die komplett aus Tuch gefertigt sind, haben diese den Vorteil, dass sie je nach Modell auch zum Anzug getragen werden können.

Die Farbe Ihrer Tasche sollte auf den Rest Ihres Outfits abgestimmt sein. Ein Modell aus Leder sollte die gleiche Farbe wie Ihre Schuhe haben. Taschen aus Segeltuch sollten farblich mit der dominierenden Farbe in Ihrem Outfit harmonieren. Gut geeignet hierfür sind erdige Farbtöne wie Braun, Khaki oder Beige, da sie eher neutral und damit flexibel sind. Auch die Farbe der Metallteile einer Tasche sind farblich auf die bereits im Outfit enthaltene Farbe anzupassen. Tragen Sie Gold, so sollten die Beschläge und Schnallen der Tasche goldfarben sein. Wenn Sie Silber tragen, dann wählen Sie ein silberfarbenes Metall.

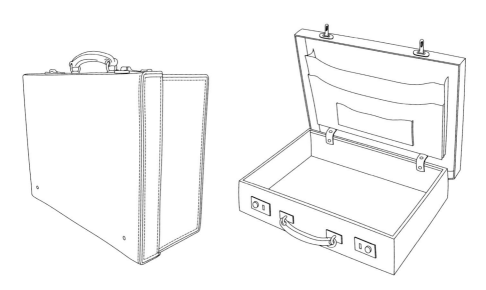

Der klassische Aktenkoffer aus Leder ist in verschiedenen Tiefen erhältlich.
Das „Churchill 4.5′ Gentleman's Attaché Case" des englischen Herstellers Swaine
Adeney Brigg ist ein guter Kompromiss zwischen genug Stauraum und schlanker Silhouette.

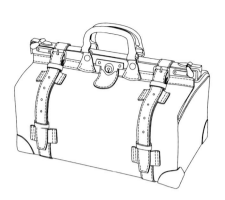

Das „Gladstone Bag" ist ein Klassiker mit ländlichem Charme.

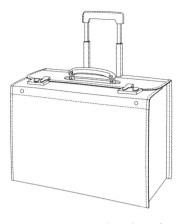

Der Pilotenkoffer bietet besonders viel Stauraum.

Die klassische englische Aktentasche

Die klassische englische Aktentasche mit umlaufendem Lederriemen

Die Aktentasche aus Leder & Canvas ist ein guter Kompromiss zwischen Arbeit und Freizeit.

Die Dokumententasche, auch Folio genannt

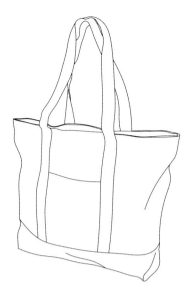

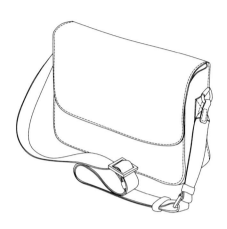

Das Totebag aus Leder oder Leder & Canvas ist ideal für Shopping und Arbeit.

Das Messenger Bag

Qualität erkennen

Ein Merkmal unterscheidet hochwertige Lederwaren von Massenprodukten wie kein anderes: die Patina. Neben Form und Farbe ist die Patina, jener über Jahre entstandene tiefe Glanz des Leders, was den eigentlichen Reiz von Lederwaren aller Art ausmacht. Erreichen lässt sich eine solche stilistische Perfektion natürlich nur, wenn das verarbeitete Leder das Potenzial hat, ein hohes Alter zu erreichen. Maßgebend hierfür ist das Verfahren, mit dem das Leder gegerbt wird. Haltbarkeit und Langlebigkeit sind also die Merkmale, auf die es ankommt und nach denen Sie suchen sollten. Was die übrigen Qualitätskriterien anbelangt, so müssen Sie sich wenig Gedanken machen. Hochwertiges und haltbares Leder ist teuer und wird daher nicht billig verarbeitet. Sollte sich dennoch einmal eine Naht an Ihrer Tasche lösen, so kann dieser Defekt problemlos von einem guten Schuhmacher oder Sattler behoben werden.

Das wohl am besten geeignete Leder für Taschen und Aktenkoffer ist das „English Bridle Leather". Dieses sehr strapazierfähige Leder wird in einem Monate dauernden Verfahren mit in der Regel natürlichen Rohstoffen gegerbt und in einem aufwendigen Prozess weiterverarbeitet. Das fertige Produkt ist sehr flexibel und geschmeidig. Es fühlt sich leicht wachsig an und hat bereits eine wunderbare Farbtiefe. Ein gutes Erkennungsmerkmal ist ein sich manchmal auf der Lederoberfläche bildender weißlicher Schleier. Dieser kann einfach auspoliert werden und stellt daher keinen Mangel dar.

Kaufempfehlung

Sie können für eine hochwertige Tasche problemlos einen vierstelligen Betrag ausgeben. Die folgende Aufstellung beschränkt sich daher auf wenige Klassiker, mit denen Sie Ihre Garderobe flexibel ergänzen können.

Zu empfehlen ist die Anschaffung von:
- *Einer braunen Dokumententasche aus Bridle Leather z.B. das Modell „Westminster" von Swaine Adeney Brigg*
- *Einer schwarzen Dokumententasche aus Bridle Leather z.B. das „Medicine Bag" von Bill Amberg*
- *Einer khakifarbenen Botentasche aus Segeltuch z.B. das Modell „Ariel Trout" von Brady Bags*

Tipp: Als sinnvolle Ergänzung zu den oben genannten Taschen bietet sich ein Totebag an. Diese einfach konstruierte Tasche hat lange Tragegriffe, mit denen sie auch über der Schulter getragen werden kann. Ursprünglich handelt es sich bei diesem Modell um eine Damentasche, In den letzten Jahren hat sich das Totebag aber zum Unisex-Modell weiterentwickelt. Ein schönes Exemplar kann beim samstäglichen Einkauf auf dem Mark die Plastiktüte ersetzen.

Interessante Adressen

Bill Amberg
www.billamberg.com

Brady Bags
www.bradybags.co.uk

Ettinger Leather Goods
www.ettinger.co.uk

—

Ghurka
www.ghurka.com

—

Hype Luggage
www.hypeluggage.com

—

Lotuff & Clegg
www.lotuffleather.com

—

Tanner Krolle
www.tannerkrolle.com

Foster & Son
www.foster.co.uk

—

Hardgraft
www.hardgraft.com

—

Swaine Adeney Brigg
www.swaineadeney.co.uk

—

Oppermann London
www.oppermann-london.com

Reisegepäck

Reisegepäck ist eines jener Accessoires, deren Wirkung leider zu oft unterschätzt wird. Die Flut von schwarzen Koffern aus Kunststoffgewebe, welche sich weltweit auf die Gepäckbänder der Flughäfen ergießt, ist der beste Beweis hierfür. Statt Ihren schwarzen Plastikkoffer mit einem ausgefallenen Aufkleber oder einem farbigen Band kenntlich zu machen, sollten Sie besser auf ein klassisches Transportbehältnis zurückgreifen, welches durch gutes Design auf sich aufmerksam macht.

Grundlagen

Bevor Sie Ihre Aufmerksamkeit auf den Kauf eines neuen Gepäckstückes richten, ist es wichtig, sich von einer hinderlichen Vorstellung zu befreien. Ihr Reisegepäck muss nicht wie neu aussehen. Es kann Beulen und Schrammen zeigen, und man darf ihm schon nach der ersten Flugreise ansehen, dass es ein „Abenteuer" erlebt hat. Mit dem Abschied von diesem etwas spießigen Gedanken eröffnet sich eine neue Welt an Möglichkeiten, in der Sie sicher etwas Stilvolles finden werden.

Die Unterscheidung zwischen Gepäck in „Cabin Size", also Gepäck, das mit in die Kabine eines Flugzeugs genommen werden darf, und solchem, das Sie am Check-in aufgeben müssen, ist das wichtigste Kriterium bei der Auswahl der passenden Reisetaschen und Koffer. Immer dann, wenn Sie die Kontrolle über Ihr Reisegepäck abgeben müssen, sei es beim Check-in am Flughafen oder weil Sie es voraussenden, sollten die Gepäckstücke robust und abschließbar sein. Ihr Handgepäck kann hingegen aus weniger widerstandsfähigen Materialien gefertigt sein.

Daneben spielen natürlich auch die Dauer der Reise und die Art des Transports eine Rolle. Die Dauer der Reise entscheidet über die Größe beziehungsweise die Anzahl an

Gepäckstücken, während die Art des Transports das Material und die Konstruktion bestimmt. Haben Sie viel zu transportieren, so sind mehrere mittelgroße Koffer zumeist flexibler und besser zu handhaben als ein übergroßes Exemplar. Wenn Ihr Gepäck eine Massenabfertigung etwa am Flughafen oder bei Schiffsreisen durchläuft, ist es ratsam, auf stabile Koffer mit ausgesteiften Halbschalen oder Hartschalen zurückzugreifen. Außerdem sollten solche Gepäckstücke mindestens wasserabweisend sein.

Die folgende Auswahl gibt einen Überblick über einige klassische Gepäckstücke.

Der Holdall

Der englische Name der Tasche ist ein Zusammenschluss der Worte „hold", also halten bezeichnungsweise aufnehmen, und „all" für alles. Der Zweck, den diese Tasche erfüllen soll, ist damit bestens beschrieben. Der Holdall ist ideal, um das Notwendigste für eine Wochenendreise oder die Ausstattung für den Besuch im Fitnessstudio zu verstauen. Alle klassischen Hersteller haben ihn in verschiedenen Größen und Materialien im Programm. Leder und Segeltuch sind die beliebtesten Materialien und werden auch gerne in Kombination verwendet. Da sich ein Holdall auch gut als Handgepäck eignet, sollten Sie ihn nicht über Cabin Size kaufen.

Der Cabin-Trolley

Im Gegensatz zum Holdall verfügt der Cabin-Trolley über Rollen. Gerade bei Flugreisen kann dies sehr hilfreich sein, da der Weg zum Gate mitunter sehr lang ist. Sein Gepäck hinter sich herzurollen ist daher bequemer. Als speziell für Flugreisen konzipiertes Gepäckstück ist der Trolley zumeist mit Hartschalen oder verstärkten Schalen ausgestattet. Dies macht ihn zusätzlich flexibel, da Sie ihn auch beim Check-in aufgeben können, ohne Angst um den Inhalt haben zu müssen. Beachten Sie, dass die Rollen nicht an der Schmalseite des Trolleys angebracht sind, sondern weit auseinanderstehen; das gibt dem Trolley mehr Stabilität beim Rollen.

Der Kleidersack (engl. Suit-Bag oder Suit-Carrier)

Für den Transport von empfindlichen Kleidungsstücken wie Anzügen oder Abendgarderobe ist der Kleidersack gut geeignet, da die Kleidungsstücke darin wie im Kleiderschrank hängend untergebracht werden können. Um Platz zu sparen, können Sie den Kleidersack einmal falten. Die beiden Enden des Sackes können meistens mit

Schlaufen verbunden werden, die gleichzeitig als Tragegriffe dienen. Der Kleidersack hat lediglich die Funktion einer Schutzhülle und muss daher auf Flugreisen als Handgepäck mitgenommen werden.

Der Rollenkoffer

Für längere Reisen ist der Rollenkoffer ein passender Begleiter. Als mittelgroßer bis großer Koffer lässt er sich auf zwei oder vier Rollen gut manövrieren. Ein solches Gepäckstück sollte unbedingt aus einem widerstandsfähigen Material wie Aluminium oder den von der Firma Globetrotter verwendeten vulkanisierten Faserplatten hergestellt sein.

Leder & Canvas „Suit-Bag"

Leder & Canvas Holdall

Rollenkoffer

Cabin-Trolley

Qualität erkennen

Koffer und Taschen sind in erster Linie Schutzhüllen. Es ist ihre Bestimmung, Ihre hochwertige Kleidung vor Schrammen, Dreck, Feuchtigkeit und allen anderen unangenehmen Begleiterscheinungen des Reisens zu schützen. Gebrauchsspuren zeugen daher nicht nur von den vielen Reisen des Besitzers, sondern auch von harter Beanspruchung. Um allzu große Schäden zu vermeiden, sollte man daher beim Kauf auf einige Merkmale achten. Hervorstehende Teile wie Griffbügel, Schlösser, Rollen oder Gestänge von Teleskopgriffen sollten fest mit den Kofferschalen bezeichnungsweise der Tasche verbunden sein. Für den Fall, dass doch mal ein Griff auf der Stecke bleiben sollte oder Ihr Koffer einfach eine Generalüberholung benötigt, bieten Qualitätshersteller einen umfangreichen Reparaturservice an. Achten Sie beim Kauf auf entsprechende Hinweise.

Kaufempfehlung

Die folgende Grundausstattung bietet Ihnen ausreichende Flexibilität auf Ihren Reisen. In Abhängigkeit von Ihren Reisegewohnheiten können Sie die Liste entsprechend der genannten Hinweise erweitern.

▶ *Ein Holdall*
Für Reisen mit dem Auto, der Bahn oder als Handgepäck auf Flugreisen. Beispielsweise das Modell „Hurlingham" von Ettinger in den Farben Sand oder Olive.
▶ *Ein Cabin-Trolley*
Als Handgepäck oder als aufzugebendes Gepäckstück auf Flugreisen. Zum Beispiel der „Classic Flight Cabin Trolley" von Rimowa.
▶ *Ein Rollenkoffer*
Beispielsweise das 28" Centenary Suitcase der Firma Globetrotter
▶ *Ein Suit-Bag*
(Vor allem für Geschäftreisende ist ein Suit-Bag zu empfehlen)

Interessante Adressen

Bill Amberg
www.billamberg.com

—

Globetrotter
www.globetrotter1897.com

—

Hype Luggage
www.hypeluggage.com

—

Rimowa
www.rimowa.de

—

Tanner Krolle
www.tannerkrolle.com

Ettinger Leather Goods
www.ettinger.co.uk

—

Hardgraft
www.hardgraft.com

—

Lotuff & Clegg
www.lotuffleather.com

—

Swaine Adeney Brigg
www.swaineadeney.co.uk

> Parfum

Am Parfum scheiden sich die Geister. Für die einen gehört das Auftragen eines Duftes zur Morgentoilette wie das Zähneputzen, für die anderen wäre Parfum auf der Haut ein Grund, sich gleich wieder unter die Dusche zu stellen. Für wieder andere ist nicht das kategorische Ja oder Nein zum Parfum entscheidend, sondern der Duft selbst. Tatsache ist, dass seit der Antike Menschen mit schönen Düften experimentiert haben und ein Ende, ist, zum Glück der einen und zum Leidwesen der anderen, nicht in Sicht ist.

——— *Grundlagen*

Genau wie mit Ihrer Kleidung, so geben Sie auch mit dem Tragen eines Parfums ein Signal an Ihre Umwelt. Bei der Kleidung ist dies ein optisches, beim Parfum ein olfaktorisches. Sie sollten daher auch bei Ihrem Parfum um dessen Wirkung besorgt sein. Es gilt daher:

Parfum ist nicht zum Überdecken schlechter Gerüche gedacht. Ganz im Gegenteil erfordert das Verwenden eines Duftes beste Körperhygiene. Dass Ihr Deodorant einmal nicht die volle Wirkkraft zeigt, ist zu verzeihen, der Geruch von altem Schweiß, der durch eine Wolke billigen Parfums dringt, hingegen nicht. Es wäre lediglich der Beweis Ihrer Nachlässigkeit.

Ihr Parfum sollte der einzige Duft sein, den Sie am Körper tragen. Es erscheint sinnlos, sich nach langer Beratung und dem Testen unzähliger Düfte für eine teure Essenz zu entscheiden und diese dann mit dem Geruch eines Deodorants, dem Duft des Haargels, des Duschgels, der Hautcreme und des Weichspülers in Ihren Kleidern zu mischen. Abgesehen davon, dass Sie Ihre hochwertige Garderobe ohnehin nicht mit Weichspüler quälen sollten, ist daher das Verwenden von duftneutralen Pflegeprodukten und Waschmitteln zu empfehlen.

Es ist ein bedauernswerter Umstand, dass man den Wohlgeruch des eigenen Parfums nach einiger Zeit nicht mehr wahrnimmt. Oftmals ist man verführt, mit mehr Parfum Abhilfe schaffen zu wollen. Dies ist keine gute Idee, da der gewünschte Effekt für Sie nur denkbar kurz wahrnehmbar ist. Vor allem aber ist davon abzuraten, weil Ihre Umwelt darunter leiden würde. Ihr eigener Duft sollte nie zur Belästigung für andere werden.

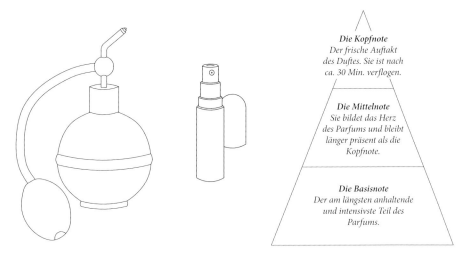

Die Kopfnote
Der frische Auftakt des Duftes. Sie ist nach ca. 30 Min. verflogen.

Die Mittelnote
Sie bildet das Herz des Parfums und bleibt länger präsent als die Kopfnote.

Die Basisnote
Der am längsten anhaltende und intensivste Teil des Parfums.

Der klassische nachfüllbare Parfumzerstäuber und der besonders auf Reisen praktische „Travel Atomiser"

Die Duftpyramide

Qualität erkennen

Kein anderes Produkt wird derart aufwendig verpackt und präsentiert wie Parfum und doch könnte der Inhalt der allermeisten Flacons nicht billiger sein. Der Löwenanteil dessen, was Sie in den Regalen der Kaufhäuser und Parfümerien vorfinden, ist ein Gebräu aus den Chemielaboren großer Konzerne. In Massen hergestellt und mit den Namen teurer Kleidermarken oder Designer versehen, wird es dann zu vollkommen überzogenen Preisen verkauft. Dabei geht es schon lange nicht mehr um den Duft. Gekauft werden diese Chemiecocktails nur, damit der Käufer sich in dem guten Gefühl wähnen kann, ein Produkt einer Nobelmarke zu besitzen, dessen Kleider er sich nicht leisten kann oder will.

Ein gutes Parfum hingegen besteht aus natürlichen Rohstoffen, die fein aufeinander abgestimmt eine ausgewogene Komposition ergeben. Im Gegensatz zu chemischen Substanzen entwickeln sich natürliche Kompositionen über den Tag hinweg. Ihr Parfum wird am Morgen anders riechen als am Mittag oder am Abend. Es bleibt jedoch unverkennbar Ihr Parfum. Diese Entwicklung beschreibt man in drei Phasen. Der erste Eindruck Ihres Parfums ist von der Kopfnote bestimmt. In ihr finden Sie häufig frische und flüchtige Zitrusdüfte. Die Herz- oder Mittelnote bildet den am längsten anhaltenden Eindruck. Sie kann aus Düften wie Neroli oder Bergamotte bestehen. Den abschließenden Eindruck bildet die Basisnote. Im Gegensatz zur Frische der Kopfnote entwickelt die Basis oftmals eine anhaltende Wärme und angenehme Schwere. Für die Basis werden gerne hölzerne Aromen verwendet.

Suchen Sie also nach Herstellern, die ausschließlich oder zumindest vorwiegend mit natürlichen Stoffen arbeiten, und verzichten Sie auf Massenware. Lassen Sie sich in guten Fachgeschäften beraten und tragen Sie den favorisierten Duft zur Probe auf, bevor Sie sich zum Kauf entscheiden.

Kaufempfehlung

Der Sinneseindruck, den ein Parfum bei demjenigen hinterlässt, der es riecht, ist ein äußerst subjektiver. Eine seriöse Empfehlung kann man daher nur dann aussprechen, wenn man den potenziellen Käufer gut kennt und sich ein Urteil über seinen Geschmack bilden kann. Daher kann ich Ihnen hier nur eine Hilfestellung geben, indem ich einen Überblick über die klassischen Duftnoten gebe.

Zitrusdüfte

In frischen und erfrischenden Eau de Cologne sind Zitrusdüfte sehr beliebt. Allen gemeinsam ist, dass der Zitrusduft vor allem in der Kopfnote Entfaltung findet und eher kurz anhaltend ist. Neben dem „Farina 1709" Eau de Cologne, dem Original aus Köln, gibt es noch eine ganze Reihe von Parfums mit Zitruskopfnoten, die sich vor allem in ihrer weiteren Entwicklung in der Herz- und Basisnote unterscheiden. Ein klassischer Vertreter aus Großbritannien wäre das „Extract of Limes" von Geo F. Trumper.

„Grüne" oder Fougère Düfte

Bei dieser Duftfamilie handelt es sich um herbe, oftmals trockene Kompositionen, denen Auszüge von Farnen oder auch Moos und Baumrinden zugrunde liegen. Solche „grünen" Düfte entfalten gerne eine holzige bis erdige Note in der Basis. Ein Klassiker ist das „English Fern" von Penhaligon's.

Holz- und Ledernoten

Diese Düfte sind vor allem in Südeuropa beliebt. Sandel- und Zedernholz sowie Moschus und Ambra geben ihnen eine schwere, intensive und lang anhaltende Note. „Spanish Leather" von Geo F. Trumper wäre ein Vertreter dieser Duftkompositionen. Ein weiterer Klassiker ist „Knize Ten".

Gewürznoten

Gewürze sind in sehr vielen Parfums vorhanden. Meistens ergänzen sie die Hauptbestandteile der Kreationen und intensivieren deren Wirkung. Neben Muskat kommen Zimt, Wacholder oder auch Lorbeer zum Einsatz. Penhaligon's „Zizonia" ist eine solche Komposition, in der unter anderem auch schwarzer Pfeffer und Kardamom Verwendung finden.

——— *Interessante Adressen*

Floris
www.florislondon.com
—

Parfumerie Generale
www.parfumerie-generale.com
—

Profumo di Santa Maria Novella
www.smnovella.it
—

The English Scent
www.english-scent.de

Farina Eau de Cologne
www.farina1709.de
—

Penhaligon's
www.penhaligons.com
—

Pro Fumum Roma
www.profumum.com
—

Trumper's
www.trumpers.com

>

Gürtel

Neben seiner eigentlichen Funktion – die Hose in Position zu halten – ist der Gürtel als Accessoire ein wichtiger Bestandteil der klassischen Herrengarderobe. Vor allem bei eher informellen und sportlichen Outfits kann man mit der Wahl des passenden Gürtels einen schönen Akzent setzen. Damit dies gut gelingt, sind einige Dinge zu beachten.

——— *Grundlagen*

Bevor Sie sich für einen Gürtel entscheiden, sollten Sie sich auf die Farbe des Metalls, das Sie tragen möchten, festgelegt haben. Wie auch bei Uhren oder Manschettenknöpfen ist dies eine nicht unwichtige Entscheidung, da alle metallischen Teile Ihres Outfits die gleiche Farbe haben sollten. Sowohl silberfarbene wie auch goldfarbene Accessoires zu kaufen würde die Kombinationsfähigkeit Ihrer Garderobe also limitieren.

Neben der Farbe der Metallteile ist die Farbe des Leders entscheidend. Auch hierbei gilt: Die Lederteile in Ihrem Outfit – also vor allem die Schuhe, das Uhrband und der Gürtel – sollten ungefähr die gleiche Farbe haben. Da alle drei Teile verhältnismäßig weit voneinander entfernt sind, muss die Lederfarbe der einzelnen Accessoires nicht hundertprozentig übereinstimmen. Ganz im Gegenteil sollten Sie versuchen, eine minimale Variation in Farbe und vielleicht auch Oberflächenstruktur zu schaffen, um zu verhindern, dass die Kombination zu „gewollt" aussieht. Ein Beispiel für eine gute Zusammenstellung ist eine Kombination aus Reptilienleder für das Uhrband und Glattleder für Schuhe und Gürtel. Eine Kombination aus Raulederschuhen, Rauledergürtel und Uhrband aus Rauleder würde hingegen in die Kategorie „trying too hard" fallen. Gerade für schwarzes Leder, bei dem es naturgemäß, anders als bei braunem Leder, keine Farbabstufungen gibt, ist ein leichtes Spiel in den Oberflächenstrukturen ein stilvolles Detail.

Mit einem zu lang getragenen Gürtel, dessen überschüssiges Material an einer Seite herunterbaumelt oder das unschön in der Hosentasche verstaut wurde, schaut man schnell etwas trottelig aus. Achten Sie daher beim Kauf darauf, dass der Gürtel die richtige Länge hat, und lassen Sie bereits vorhandene zu lange Gürtel wenn möglich von einem Schuhmacher oder Sattler auf die passende Länge kürzen. Gute Gürtel haben eine ungerade Anzahl an Löchern. Die korrekte Länge tragen Sie dann, wenn der Dorn der Gürtelschnalle im mittleren Loch sitzt. Bei Modellen mit stufenlos verstellbaren Schnallen sollte das Ende des Gürtels nicht mehr als fünf bis sechs Zentimeter über der ersten Schlaufe am Hosenbund nach der Schnalle hervorstehen.

Die Breite des Gürtels richtet sich nach der Breite der Schlaufen an Ihren Hosen. Um nicht zu viele Gürtel kaufen zu müssen, sollten Sie daher darauf achten, dass diese ungefähr dieselben Maße haben und nicht zu breit sind. Für Freizeitkleidung sind vier bis viereinhalb Zentimeter breite Gürtel gut geeignet. Bei Anzughosen sollte der Gürtel zwischen zweieinhalb und drei Zentimetern breit sein.

Auch bei Gürteln gibt es eine Abstufung von formell bis sportlich. Dabei gilt: Je gröber und farbiger, desto sportlicher ist der Gürtel. Gürtel aus Ledergeflecht sind also ebenso eher für die Freizeitbekleidung passend wie Gewebe- oder Rauledergürtel. Gürtel aus Glattleder sind sowohl für die Freizeit wie auch für die Arbeit oder einen formellen Anlass passend und damit sehr flexibel. Wenn Sie mit Ihrem Gürtel einen farblichen Akzent setzen möchten, so ist das am besten mit einem Gewebegürtel möglich, da er immer einen ausreichenden Kontrast zum Leder Ihrer Schuhe herstellen wird.

Von besonders großen oder auffallenden Gürtelschnallen sollten Sie absehen. Ein Wagnis in dieser Hinsicht könnten Sie, wenn überhaupt, in Kombination mit einer Jeans eingehen.

Qualität erkennen

Die Kräfte, die auf einen Gürtel einwirken, sind nicht unbeträchtlich. Gut zu erkennen ist dies bei alten Exemplaren, die sich dem Körperbau Ihres Trägers angepasst haben und regelrecht verformt wurden. Gute Verarbeitung und widerstandsfähige Materialien sind daher die essenziellen Zutaten für einen Gürtel, der das Potenzial zum Altwerden haben soll.

Kräftige Leder wie zum Beispiel Bridle Leather oder Sattelleder sind sehr gut zur Herstellung von Gürteln geeignet und können bei fachgerechter Verarbeitung und guter Pflege ein Leben lang halten. Im Regelfall ist es daher nicht das Leder, das seinen Dienst versagt, sondern es sind die Nähte, die aufgehen. Damit dies nicht geschieht, sind hochwertige Nähte in Handarbeit gefertigt. Handarbeit ist bei allen Lederwaren und bei Gürteln im Speziellen der Garant für gute Qualität und etwas, worauf Sie beim Kauf immer achten sollten.

Wirklich hochwertige Gürtel sind heute leider eher selten zu finden. In den Modeabteilungen der Kaufhäuser werden Sie höchstwahrscheinlich nicht fündig werden und auch bei einigen Herrenausstattern fristen Gürtel eher ein Schattendasein. Abgesehen davon haben sich die Hersteller offensichtlich dazu entschieden, nur noch Gürtel mit silberfarbenen Schnallen in „frechen" Designs anzubieten, was die Auswahl zusätzlich einschränkt. Abhilfe schafft das Internet. Da man Gürtel nicht unbedingt anprobieren muss, können Sie im weltweiten Netz anstatt im heimischen Kaufhaus die passenden Gürtel suchen und finden.

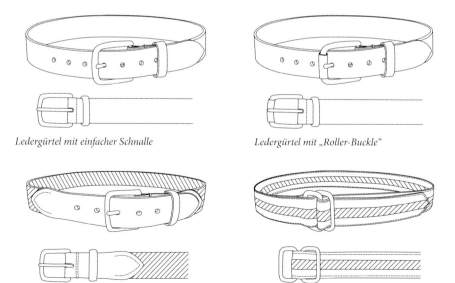

Ledergürtel mit einfacher Schnalle

Ledergürtel mit „Roller-Buckle"

Leder-/Gewebegürtel

Gewebegürtel mit Doppelringverschluss

———— Kaufempfehlung

Mit den folgenden vier Gürteln können Sie Ihre gesamte Garderobe problemlos bedienen.

► *Einem schwarzen „Bridle Leather" Gürtel (2,5 bis 3,0 cm breit)*
► *Einem dunkelbraunen „Bridle Leather" Gürtel (ca. 2,5 bis 3,0 cm breit)*
► *Einem mittelbraunen „Bridle Leather" Gürtel (ca. 4,0 bis 4,5 cm breit)*
► *Einem dunkelblauen Gewebegürtel mit einer einfachen Dornenschnalle oder einer Doppelringschnalle*

Mehr Variationen sind natürlich willkommen, aber nicht unbedingt notwendig.

———— Interessante Adressen

Conrad Hasselbach
www.conradhasselbach.de
—

Hermes
www.hermes.com
—

Smart Turnout London
www.smartturnout.com

Equus Leather
www.equusleather.co.uk
—

J. R. Ledermanufaktur Berlin
www.ledermanufaktur-berlin.de
—

Swaine Adeney and Brigg
www.swaineadeney.co.uk

> Schals

In der kalten Jahreszeit ist der Schal eines jener Accessoires, auf die man nur ungern verzichtet. Er hält eisigen Wind ab und sorgt dafür, dass die aufsteigende Körperwärme nicht entweichen kann. Wolle ist das Material, das diese Aufgabe so gut erfüllt wie kein anderes. Den Schal auf ein nur für winterliches Wetter geeignetes Kleidungsstück zu reduzieren ist allerdings nur die halbe Wahrheit. Während der Schal im Winter das Entweichen der Körperwärme verhindert, so hält er im Sommer und in den heißen Regionen unseres Planeten Staub und Schmutz von seinem Träger ab. Auch der weiße Pilotenschal aus Seide hat diese Funktion übernommen und ist so zu einem unentbehrlichen und sehr eleganten Accessoire der frühen Fliegerei geworden.

——— Grundlagen

Damit der Schal seine Funktionen erfüllen kann, sollte er lang genug sein, um ihn einmal um den Hals legen und binden zu können. Die nach dem Binden auf der Brust liegenden Enden des Schals sollten außerdem noch ausreichend lang sein, um Ihre Brustpartie mit einer zusätzlichen Lage Stoff zu versehen. Zu lange Exemplare sind wiederum nicht zu empfehlen, da das Zuviel an Stoff weder unter der Kleidung noch darüber Platz findet und Sie etwas „überfüllt" aussehen lässt. Mit einem Exemplar von 1,60 bis 1,80 Meter Länge sollten Sie dieses Problem umgehen.

Tragen Sie nur dann einen Schal, wenn das Wetter danach verlangt. Ein lose um den Hals geworfener Schal ist überflüssig und sieht auch so aus. Das beste Beispiel hierfür ist ein über einem Frack getragener weißer Schal. Da er seine Funktion offensichtlich nicht erfüllen kann, wirkt er vollkommen deplaziert und in diesem speziellen Fall auch noch protzig. Der Rat, darauf zu verzichten, erübrigt sich.

Von Material und Webart hängt ab, wo der Schal zum Einsatz kommen kann. Dabei gilt: je gröber, desto informeller und umgekehrt. Grob gestrickte Wolle und starke Muster passen gut zu Freizeitkleidung und eher rustikalen Outfits, während sich am anderen Ende der Skala feine Seidenschals befinden, die zum Beispiel einen Sommeranzug begleiten können. Für das Pendeln an kalten Tagen ist ein mittelschwerer Schal aus Kaschmir zu empfehlen, der dezent gemustert sein darf.

Die Farbpalette kann von auffällig bunt bis hin zu gedeckten Farben reichen. Auch hier gilt: Je bunter beziehungsweise vielfarbiger, desto weniger formell ist der Schal. Einen uni gefärbten Schal in einem kräftigen Farbton könnten Sie jedoch durchaus auch zum Geschäftsmantel tragen. Es ist allerdings Vorsicht geboten. Ein farbiger Schal kann schnell wie das sprichwörtliche „rote Tuch" wirken und alle Aufmerksamkeit auf sich lenken.

Mit dem vor allem in Großbritannien beliebten College-Schal können Sie Ihre Zugehörigkeit zu einer Universität oder eben zu einem College zur Schau stellen. Die in den Hausfarben der betreffenden Einrichtungen gestreiften Schals sind oftmals aus doppelt gelegter Wolle gearbeitet und halten den Träger auch bei Minustemperaturen warm. Aufgrund ihrer großen Beliebtheit gibt es heute einige Hersteller, die College-Schals in Fantasie-Farbkombination produzieren. Diese Modelle können dann auch von denjenigen getragen werden, die nicht das Privileg hatten, an einer der bekannten britischen Eliteuniversitäten zu studieren.

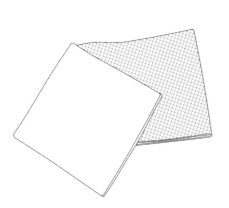

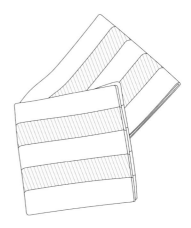

Wendeschal aus Seide

College-Schal

Grob gestrickter Schal   *Fein gestrickter Schal mit Fransen*

Qualität erkennen

Was das Material und die Verarbeitung anbelangt, so gelten für gestrickte Schals ähnliche Maßstäbe wie für Strickwaren im Allgemeinen. Das Wollsiegel ist immer ein vertrauenswürdiger Hinweis und ein Indikator für Qualität.

Für Exemplare aus Seide gelten die gleichen Standards wie für seidene Einstecktücher. Bei gewebten Schals mit Motiven sollten sich keine „Pixelbilder" ergeben und bei bedruckten Seidengeweben sollten die Ränder der Motive scharfkantig erscheinen und die Farben sollten nicht ineinandergelaufen sein. Die Kante eines hochwertigen Seidenschals ist handgerollt und -genäht.

Kaufempfehlung

Um sowohl in der Freizeit als auch im Arbeitsalltag passend „gewickelt" zu sein, benötigen Sie zunächst nicht mehr als zwei Schals.

Für Ihre Arbeitsgarderobe und Freizeitkleidung:
▸ *Einen hell- bis mittelbraunen fein gestrickten Schal aus Kaschmir*

Alternativ dazu:

► *Einen mittelgrauen fein gestrickten Schal aus Kaschmir mit einem POW-Karo*

Für Ihre Freizeitgarderobe:

► *Einen mittel- bis grob gestrickten Schal aus Kaschmir oder Wolle mit einem Tartanmuster – die Farbkombination kann hier in einem Kontrast zu Ihrer übrigen Kleidung stehen. Wenn Sie zum Beispiel überwiegend Marineblau tragen, kann der Schal erdige Rot- und Grüntöne zeigen.*

Auch bei Schals ist die Auswahl an Farben und Mustern riesig. Bei weiteren Käufen sollten Sie sich daher nicht von der Masse überwältigen lassen, sondern Exemplare für bestimmte Kombinationen in Ihrer Garderobe kaufen. Diese sind zwar unter Umständen weniger flexibel einzusetzen als die vorgenannten Empfehlungen, aber ein fein auf ein Outfit abgestimmter Schal kann diesem den letzten Schliff geben.

——— *Interessante Adressen*

Anderson & Sheppard, Clifford Street
www.anderson-sheppard.co.uk

—

New & Lingwood
www.newandlingwood.com

—

The Merchant Fox
www.themerchantfox.co.uk

Drakes
www.drakes-london.com

—

Shibumi
www.shibumi-berlin.com

>

Regenschirme

Der Anblick eines exakt gerollten Stockschirms ruft vielen Menschen die Vorstellung des „englischen Gentleman" ins Gedächtnis. Auf kuriose Weise ist das Bild eines Bowler Hat tragenden Mannes von hagerer Statur in einem perfekt sitzenden Anzug und mit einer Ausgabe der „Times" unter dem Arm untrennbar mit dem fest gerollten schwarzen Stockschirm verbunden. Neben seiner Symbolkraft hat der Regenschirm aber vor allem die Funktion, Schutz vor den Unbilden des Wetters zu bieten. Ein hastig aus der Tasche gezogener Teleskopschirm kommt, was das Image anbelangt, nicht ganz an seinen großen Bruder heran, doch auch er leistet gute Dienste.

—— *Grundlagen*

Leider hat die PR-Branche den Regenschirm als perfekten Werbeträger identifiziert. Diesem Umstand haben wir es zu verdanken, dass an einem regnerischen Tag landauf, landab in Fußgängerzonen ganze Heerscharen billiger Regenschirme unterwegs sind, auf denen aufdringliche Werbebotschaften prangen. Dabei ist der Regenschirm genauso Teil eines Outfits wie die Schuhe oder das Hemd. Ein großer Werbeschriftzug auf der Brustpartie des Hemdes würde den meisten Trägern allerdings komisch vorkommen. Was derartige Werbegeschenke anbelangt, gilt daher die Regel: Bitte in den Müll werfen.

Der Stockschirm ist der klassische Begleiter bei Regenwetter. Gute Hersteller bieten eine Auswahl von Schirmen mit Holz- und Ledergriffen in verschiedenen Größen und Farben an. Für das Bezugsmaterial stehen Seide und Nylon zur Wahl. Seide ist das klassische Material und wirkt vor allem im nassen Zustand durch seinen matten Glanz sehr elegant. Nylon hat den Vorteil, dass es sehr schnell trocknet. Selbst nach einem starken Regen reicht es, den Schirm einige Male zu öffnen und wieder zu schließen, um das meiste Wasser abzuschütteln.

Etwas flexibler als der Stockschirm ist der Teleskopschirm. Er ist immer dann praktisch, wenn das Wetter unbeständig ist. Falls Sie unterwegs von einem Regenschauer überrascht werden, können Sie sich mit dem platzsparend in der Tasche verstauten Schirm vor dem Nasswerden schützen. Ein Ersatz für den Stockschirm ist er allerdings nicht, da der zumeist geringe Durchmesser des Schirms weniger Schutz bietet. Abgesehen davon ist der Teleskopschirm aufgrund seiner leichten Konstruktion weniger stabil und damit für windiges Wetter nicht geeignet.

Der Stockschirm sollte zu Ihrer Körpergröße passen. Achten Sie daher beim Kauf darauf, dass der Arm, mit dem Sie den Schirm halten, leicht angewinkelt ist, wenn der Schirm auf dem Boden steht. Ist dies der Fall, können Sie den Schirm beim Laufen wie einen Gehstock einsetzen. Mit zu kleinen Schirmen funktioniert das nicht, während zu große Schirme schnell etwas dominant wirken können.

Einige Hersteller bieten eine große Bandbreite an farbigen Bezugsstoffen an. Hier gilt es, sich in Zurückhaltung zu üben. Wählen Sie einen neutralen dunklen Farbton, der sich mit den Hauptbestandteilen Ihrer Garderobe verträgt. Schwarz wäre für einen Regenschirm, der vor allem in der Stadt benutzt wird, eine klassische Farbe, aber auch Dunkelblau, Dunkelgrün oder ein dunkles Weinrot wären denkbar. Auf dem Land sind vor allem Grüntöne beliebt.

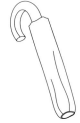

Teleskopschirm

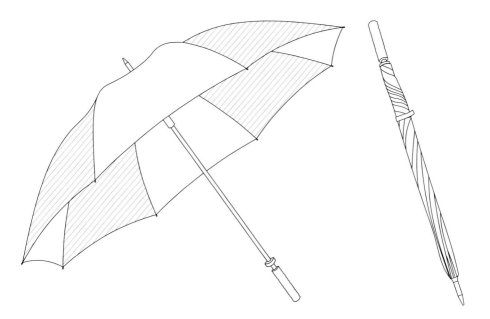

Golfschirm mit geradem Griff und zweifarbiger Bespannung

Der klassische Stockschirm

——— Qualität erkennen

Ein hochwertiger Stockschirm lässt sich leicht von einem billigen Massenprodukt unterscheiden. Fast alle Materialien, die einen Qualitätsschirm ausmachen, sind bei der Billigvariante durch minderwertige Ware ersetzt. Holz- und Ledergriffe wurden gegen solche aus Plastik ausgetauscht, und auch der Stock selbst ist nicht aus Holz oder Metall, sondern ebenfalls aus Plastik gefertigt. Das Gestänge, welches bei guten Stockschirmen aus gehärtetem Stahl hergestellt wird, ist durch dünne Blechstreben ersetzt, während die Bespannung nicht aus Nylon oder Seide besteht, sondern aus einfachem Polyester, welches schlecht abtrocknet.

Achten Sie beim Kauf Ihres Stockschirmes daher darauf, dass wenige oder noch besser gar keine Plastikteile verwendet wurden und die Metallteile des Gestänges solide erscheinen. Für Teleskopschirme gelten diese Hinweise gleichermaßen. Neben den verwendeten Materialien ist auch das Herstellerlabel ein guter Indikator für Qualität. Der britische Hersteller „Swaine Adeney Brigg" steht für allerhöchste Qualität. Das Wort „Brigg" wird sogar als Synonym für „Stockschirm" benutzt.

——— Kaufempfehlung

Vor dem Kauf eines neuen Regenschirmes sollten Sie sich Gedanken darüber machen, für welche Gelegenheiten Sie einen Schirm benötigen. Je länger Sie den Schirm nutzen, desto robuster und größer sollte er sein. Der kurze Weg vom Auto bis zur Haustüre lässt sich im Regelfall gut mit einem Teleskopschirm zurücklegen. Für einen langen Fußweg zur U-Bahnstation oder einen Spaziergang im Regen ist ein Stockschirm mit großem Durchmesser die richtige Wahl.

Um flexibel zu sein, sollten Sie folgende Schirme anschaffen:
- ▶ *Einen Teleskopschirm mit schwarzer Nylonbespannung und einem Holz- oder Ledergriff (Durchmesser mind. 90 cm)*
- ▶ *Einen Stockschirm mit schwarzer Nylonbespannung und einem Holz- oder Ledergriff (Durchmesser mind. 110 cm)*
- ▶ *Einen Golfschirm mit dunkelgrüner Nylonbespannung und einem Holzgriff*

Interessante Adressen

Fox Umbrellas
www.foxumbrellas.com
—

James Smith & Son
www.james-smith.co.uk
—

Swaine Adeney Brigg
www.swaineadeney.co.uk

Francesco Maglia
www.ombrellimaglia.it
—

London Undercover
www.londonundercover.co.uk

> Handschuhe

Wenn es darum geht, der eigenen Garderobe zu mehr Eleganz zu verhelfen, dann steht die Anschaffung von Handschuhen zumeist nicht ganz oben auf der Liste. Einstecktücher, Krawatten und Manschettenknöpfe sind in diesem Fall schon eher gefragt. Doch auch feine Lederhandschuhe können Ihrem Outfit Glanz verleihen. Davon abgesehen gehören Handschuhe zu jenen Accessoires, auf die man gerade an sehr kalten Tagen nur ungern verzichtet.

—— Grundlagen

Im Unterschied zu anderen Accessoires in Ihrer Garderobe kommen Handschuhe von Zeit zu Zeit in direkten Kontakt mit anderen Accessoires aus Leder. Dies ist zum Beispiel der Fall, wenn Sie eine Ledertasche tragen oder Ihr Portemonnaie in der Hand halten. Auch das Armband Ihrer Uhr steht in direktem Kontakt mit dem Handschuh. Es ist daher ratsam, nicht wie sonst üblich, die Farbe auf die übrigen Accessoires aus Leder abzustimmen, sondern eine andere, die übrigen Farben Ihres Outfits ergänzende Lederfarbe zu wählen. So vermeiden Sie, dass die zwangsläufig vorhandenen Abweichungen in den Farbtönen der einzelnen Accessoires unschön zur Schau gestellt werden.

Auch wenn Sie kein Fan von eng anliegender Kleidung sind, so sollten Sie doch bei Handschuhen diesbezüglich eine Ausnahme machen. Nichts ist unpraktischer, und davon abgesehen auch unästhetischer, als schlabbrig über der Hand hängende Handschuhe. Achten Sie beim Kauf daher darauf, dass die Nähte der Handschuhe außen liegen. Dies eliminiert bereits ein paar Millimeter an Material und sorgt so dafür, dass die Finger gut vom Leder der Handschuhe umschlossen werden. Wenn Ihnen die außen liegenden Nähte zu grob erscheinen, dann sollten Sie eher zu sehr feinem und dehnbarem Leder greifen und auf ein dickes Innenfutter verzichten.

Schwarz und Dunkelbraun sind die wohl am häufigsten verkauften Farben. Dies bedeutet allerdings nicht, dass es sich deshalb auch um die am besten geeigneten Farbtöne handelt. Gerade Schwarz ist nur in Verbindung mit einem Anzug und schwarzen Schuhen tragbar und damit unflexibel. Dunkles Braun funktioniert schon besser, aber auch hier ist die Auswahl an Kombinationen eher limitiert. Mittlere bis helle Grau- und Brauntöne, sowie Gelb und Grün sind die am besten geeigneten Farben. Gerade Gelb beziehungsweise der Farbton „Tan" ist ein etwas in Vergessenheit geratener Klassiker, der extrem vielseitig zu kombinieren ist und sogar zu dunkler Geschäftsgarderobe passt.

Handschuh mit innen liegender Naht

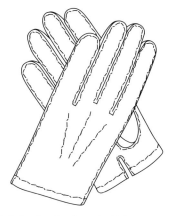

Handschuh mit außen liegender Naht

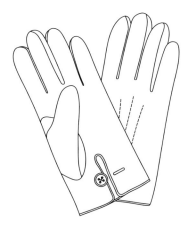

Handschuh mit Verschlussknopf am Handgelenk

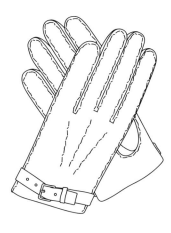

Handschuh mit justierbarer Schnalle am Handgelenk

Qualität erkennen

Gerade bei Handschuhen ohne Innenfutter ist es äußerst wichtig, dass Sie nur Exemplare kaufen, deren Leder mit natürlichen Gerbstoffen behandelt wurde. Der direkte Kontakt des Leders mit der Haut kann bei chemisch gegerbten Ledern zur Aufnahme von Schadstoffen über die Haut führen. Dieser Effekt wird durch eventuell auftretende Schweißbildung noch verstärkt. Da das Verkaufspersonal Ihnen in aller Regel keine gesicherte Auskunft über die Gerbart geben kann und die unterschiedlichen Verfahren nur schwer voneinander zu unterscheiden sind, ist es für den Laien fast unmöglich, festzustellen, worum es sich handelt. Ein kleiner Hinweis sind Unregelmäßigkeiten in der Oberflächenstruktur des Leders, welche beim natürlichen Gerben entstehen. Mehr Sicherheit haben Sie, wenn Sie sich von Massenprodukten fernhalten und stattdessen kleineren Manufakturen den Vorzug geben. Hier können Sie nachfragen, ob beim Gerben des Leders Chemie zum Einsatz gekommen ist, und eine qualifizierte Antwort erwarten.

Kaufempfehlung

Die folgenden Handschuhe bilden eine Grundausstattung, mit der Sie sowohl Ihre Freizeit- wie auch die Geschäftsgarderobe bedienen können.

▶ *Ein Paar mittelbraune Handschuhe aus Peccary-Leder mit Kaschmirfutter*
▶ *Ein Paar mittelgraue Handschuhe aus Kalbsleder mit Seidenfutter*
▶ *Ein Paar Chamoislederhandschuhe in der typischen Gelbfärbung mit Kaschmir- oder Seidenfutter*

Tipp: Wenn Sie mit der Passform der Standardmodelle nicht zufrieden sind oder sich eine spezielle Farbe für das Innenfutter Ihres neuen Handschuhs wünschen, dann können Sie auch hier an eine Maßanfertigung denken. Aufgrund der verhältnismäßig unkomplizierten Machart ist dies ein erschwingliches Vergnügen, welches zu einem hochwertigen Produkt führt.

Interessante Adressen

Dent's
www.dents.co.uk

—

Der Lederhandschuhmacher
www.lederhandschuhmacher.de

Chester Jefferies
www.chesterjefferies.co.uk

—

Merola
www.merolagloves.it

>

Hüte

Die Kleidungsstücke, die wir kaufen und tragen, transportieren, ob wir es wollen oder nicht, immer auch eine Botschaft. Wenn diese der allgemein akzeptierten Norm oder zumindest dem, was die Masse dafür hält, entspricht, werden Sie nicht auffallen. Ist dies nicht der Fall, brauchen Sie Selbstbewusstsein und manchmal sogar ein gewisses Maß an Mut, um sich so zu kleiden, wie es Ihrem Geschmack entspricht und Sie es für richtig halten. Bis zum Ende der 1960er-Jahre war das Tragen einer Kopfbedeckung nichts Außergewöhnliches. Der Hut ist auch heute noch ein fester Bestandteil der klassischen Garderobe, der Norm entspricht er allerdings nicht mehr. Er wirkt altbacken, und viele, vor allem junge, Männer verzichten daher darauf, einen Hut zu tragen, obschon es ihnen insgeheim vielleicht gefallen würde. Ob es wirklich so unangenehm ist, sich dieser Norm zu widersetzen, können Sie nur erfahren, indem Sie es einmal mit einem Hut versuchen.

——— Grundlagen

Je selbstverständlicher ein Outfit wirkt, desto eher werden Sie sich darin wohlfühlen und desto eher wird es von anderen als stimmig wahrgenommen werden. Vermeiden Sie es daher, die bekannten Klischees in Bezug auf den Hut zu bedienen. Eine Kombination aus Trenchcoat und Fedora schreit geradezu „Geheimagent" und ein doppelreihiger Anzug mit Kreidestreifen in Kombination mit einem Trilby kann schnell zu einem Kostüm aus einem Gangsterfilm geraten. Wenn Sie sich so der Lächerlichkeit preisgeben, wird Ihr Selbstbewusstsein sicher darunter leiden. Kombinieren Sie stattdessen lieber Jeans und Barbourjacke mit einem braunen Trilby oder einen Panamahut mit Chinos und einem Hemd mit aufgekrempelten Ärmeln. Solche Kombinationen aus „zeitgemäßen" beziehungsweise der „Norm" entsprechenden Kleidungsstücken und dem vermeintlich Altbackenen entwickeln eine gewisse Ausgewogenheit, die weitaus weniger Aufsehen erregt.

Wann Sie welchen Hut tragen können, hängt immer auch vom jeweiligen Anlass ab. Die nachstehende Modellübersicht gibt Auskunft über die gängigsten Modelle und deren Verwendung.

Der Zylinder

Er wird nur zu formellen Anlässen und nur in Verbindung mit einem Frack oder einem Morning Coat getragen. Exemplare aus Seide gelten als sehr elegant, sind aber als Neuware nicht mehr erhältlich. Die gängige Alternative ist aus poliertem Filz gefertigt.

Der Bowler Hat

Der im deutschsprachigen Raum als Melone bekannte Hut wird ebenfalls nur in Kombination mit formeller Kleidung getragen. In Großbritannien ist er Teil der Zivilgarderobe von Angehörigen der königlichen Garderegimenter. Er wird aus Filz hergestellt und kann auch poliert sein.

Der Fedora

Den Fedora zieren eine durchlaufende Vertiefung und zwei seitliche Einbuchtungen in der Krone. Seine fünf bis sechs Zentimeter breite Krempe ist flexibel und schließt mit einer einfachen Naht ab. Der Fedora wurde gerne als Alltagshut auf dem Weg ins Büro getragen. Für formelle Anlässe ist er jedoch zu leger.

Der Trilby

Abgesehen von seiner schmaleren Krempe und dem weniger hohen Hutband hat der Trilby starke Ähnlichkeit mit dem Fedora. Sein sportlicheres Aussehen macht ihn aber zu einem Freizeithut, der vor allem zu Sportveranstaltungen getragen wird. Besonders häufig kann man ihn bei Rennsportereignissen sehen.

Der Panamahut

Als der Sommerhut schlechthin ist der Panamahut wohl einer der wenigen Hüte, die sich auch heute noch einiger Beliebtheit erfreuen. Der aus Palmfasern geflochtene Hut variiert in seiner Form. Mal sieht man ihn mit breiter Krempe, mal mit einer eher flachen Krone. Allen klassischen Panamahüten gemein sind die cremeweiße Farbe der Palmfasern und das schwarze Hutband.

Der Boater

Der steife Strohhut mit dem breiten schwarzen Hutband wird heute vor allem noch von Zuschauern der traditionsreichen Ruderwettkämpfe auf der Themse getragen. Der im deutschsprachigen Raum wegen seiner harten Krempe als „Kreissäge" verspottete Hut ist ein klassischer Sommerbegleiter.

Der Tweedhut

Dieser weiche und wärmende Hut ist mit seiner einfachen Form und der schmalen Krempe, welche oftmals mit einigen Ziernähten versehen ist, ein klassischer Hut für Aktivitäten auf dem Land. Es gibt ihn in einer Vielzahl von Mustern und Farben.

Die Tweedkappe

Die Tweedkappe mag aus dem gleichen Stoff wie der Tweedhut hergestellt sein, ihre Charaktere sind jedoch grundverschieden. Während der Tweedhut eine gewisse Gemütlichkeit ausstrahlt, zeugt die Tweedkappe mit ihrer Stromlinienform von Sportlichkeit. Sie wird gerne von Reitern getragen, aber auch Fahrradfahrer schätzen ihre flache Form, die dem Fahrtwind wenig Angriffsfläche bietet.

Zylinder

Bowler Hat

Fedora

Trilby

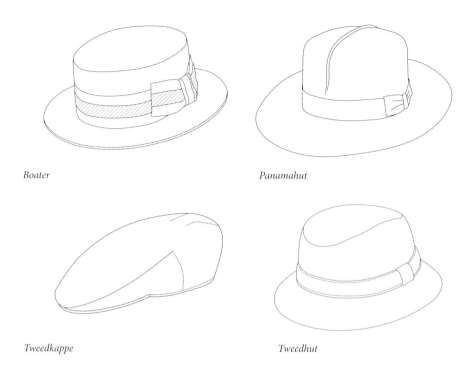

Boater

Panamahut

Tweedkappe

Tweedhut

——— Qualität erkennen

Ein hochwertiger Hut ist, abgesehen von Exemplaren aus Pflanzenfasern, aus reiner Schurwolle oder besser noch aus Kaninchenfell hergestellt. Während Schurwolle sowohl gewebt wie auch gefilzt zur Verarbeitung kommt, wird Kaninchenfell ausschließlich in gefilzter Form benutzt. Beim Filzen werden die einzelnen Haare mittels Wasserdampf und Seifenlauge miteinander verschlungen. Dieser Arbeitsgang wird auch als Walken bezeichnet. Nach dem Walken wird die Oberfläche des Materials mit Sandpapier geschliffen und anschließend sowohl maschinell wie auch von Hand gewachst. Das Resultat ist eine glatte, seidenglänzende oder matte und ebenmäßige Oberfläche.

Da die meisten Hüte durch Wasserdampf und Druck in Form gebracht werden und danach formstabil bleiben, sind aufwendige Unterkonstruktionen nicht nötig. Das am Übergang zwischen Krempe und Krone platzierte Schweißband ist dagegen unentbehrlich. An der Stelle, an der der Hut Kontakt mit dem Kopf hat, ist eine gewisse Schweißbildung nicht zu vermeiden. Es ist die Aufgabe des Schweißbandes, die auftretende Feuchtigkeit aufzunehmen. Das leider allzu gerne verwendete Kunstleder oder auch Kunstfasergewebe sind für diese Aufgabe denkbar ungeeignet, da sie keine Feuchtigkeit absorbieren können. Für einen guten Tragekomfort sollten Sie daher besonders darauf achten, dass besagtes Schweißband aus echtem Leder oder zumindest aus einem Naturfaserstoff hergestellt ist.

———— *Kaufempfehlung*

Idealerweise sollten Sie drei Hüte und eine Kappe besitzen, um sowohl auf dem Land als auch in der Stadt und zu formellen Anlässen die richtige Kopfbedeckung zu haben.

- ► *Einen schwarzen oder grauen Zylinder für formelle Anlässe (siehe auch Kapitel „Frack", Seite 103)*
- ► *Einen dunkelgrauen oder schwarzen Fedora für die Stadt*
- ► *Einen braunen Trilby für das Land*
- ► *Eine Tweedkappe ebenfalls für das Land und am Wochenende in der Stadt*

———— *Interessante Adressen*

Bates Hats
www.bates-hats.co.uk
—

Christys' & Co
www.christys-hats.com
—

James Lock & Co.
www.lockhatters.co.uk

Brent Black
www.brentblack.com
—

Hetherington Hats
www.toffs-r-us.com

> Portemonnaies

Im Gegensatz zu anderen Accessoires, die oftmals für den Betrachter gut sichtbar am Körper getragen werden, fristet die Geldbörse ein eher unscheinbares Dasein. Gut verstaut an einem für fremde Hände möglichst unzugänglichen Ort, tragen wir sie tagtäglich mit uns herum. Dennoch ist auch die Geldbörse einer jener Gegenstände, die, sobald sie ans Tageslicht geholt werden, neugierige Blicke auf sich ziehen. Wichtiger als die inquisitorischen Blicke anderer ist jedoch der Eindruck, den Sie selbst von Ihrem Portemonnaie haben. Dieser ist weniger ein optischer als vielmehr ein im Sinne des Wortes gefühlter Eindruck. Ihr Portemonnaie sollte daher vor allem eines sein: aus gutem Leder.

—— Grundlagen

Die goldene Regel für das Portemonnaie lautet: Bitte nicht überfüllen. Neben Banknoten und Münzen müssen heute auch eine Vielzahl von Plastikkarten im Portemonnaie Platz finden. Diese sorgen in Verbindung mit dem Münzgeld dafür, dass Ihr Portemonnaie schnell aus allen Nähten platzt. Ein zum Bersten gefülltes Portemonnaie ist jedoch sehr unpraktisch, da es sich nicht gut am Körper tragen lässt und sich unschön unter Ihrer Kleidung abzeichnet. Achten Sie daher darauf, dass sich nur das Nötigste in Ihrem Portemonnaie befindet. Die Kontoauszüge der letzten Monate und Kassenbelege aus dem Supermarkt gehören auf keinen Fall hinein.

Wenn Sie dazu tendieren, Kleingeld zu sammeln, dann stellen Sie zu Hause ein Schale auf, in die Sie am Abend den Inhalt des Münzfaches entleeren können. Im Portemonnaie sollte sich immer nur eine kleine Menge an Münzgeld befinden. Alternativ können Sie Ihr Münzgeld auch in der Hosentasche tragen. Dass dort nur wenige Münzen Platz finden, versteht sich von selbst. Gerade bei italienischen und englischen Herstellern findet man oft ein extra für Münzgeld in die Hosentasche eingenähtes Täschchen.

Geldbörsen gibt es in einer Reihe von Größen und Formen, die alle für einen bestimmten Zweck entwickelt worden sind. Die klassischen Modelle sind:

Das Portemonnaie mit Münzfach

Mit ein bis zwei Geldscheinfächern, einem Münzfach und Steckplätzen für sechs bis acht Karten, ist es der Allrounder unter den Geldbörsen. Dieses Portemonnaie lässt sich nicht gut am Körper tragen, da es dazu neigt, unter der Kleidung aufzutragen. In der Aktentasche oder Ähnlichem mitgeführt, ist es jedoch ein praktischer Begleiter, in dem alle Zahlungsmittel gemeinsam aufbewahrt werden können.

Das Portemonnaie ohne Münzfach

Im Unterschied zum Portemonnaie mit Münzfach ist die Variante ohne schon um einiges flexibler. Sparsam befüllte Exemplare können in der Jackentasche mitgeführt werden oder im Notfall auch in der Innentasche des Jacketts verschwinden.

Die Brieftasche

Sie besitzt nie ein Münzfach und hat eine längliche Form, die dazu dient, den Inhalt der Länge nach und nicht wie im Portemonnaie gestapelt aufzubewahren. Sie passt daher gut in die Innentasche eines Jacketts. Das Münzgeld muss in dieser Variante wie auch beim Portemonnaie ohne Münzfach separat entweder in der Hosentasche oder in einem Münzportemonnaie aufbewahrt werden.

Das Kartenetui

Mit vier Steckplätzen für Karten und einem kleinen Geldscheinfach ist es der ideale Begleiter für Abendveranstaltungen. Es trägt nicht auf und verschwindet diskret in der Tasche des Jacketts. Für den täglichen Gebrauch ist es allerdings zu klein.

Im Idealfall sind alle Kleidungsstücke beziehungsweise Accessoires aus Leder, die Sie zu einem Outfit tragen, ausgehend von den Schuhen, im gleichen Farbton gehalten. Zu braunen Schuhen sollten Sie also auch eine braune Geldbörse tragen. Wenn Sie nicht ständig umräumen wollen, dann sollten Sie sich für ein Portemonnaie in der Lederfarbe entscheiden, die Sie am häufigsten tragen.

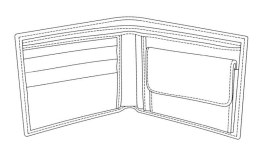

Portemonnaie mit Münzfach

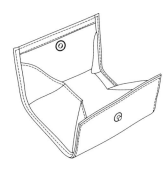

Münzportemonnaie

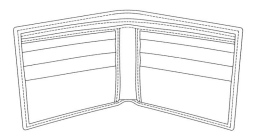

Portemonnaie ohne Münzfach

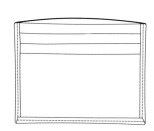

Kartenetui

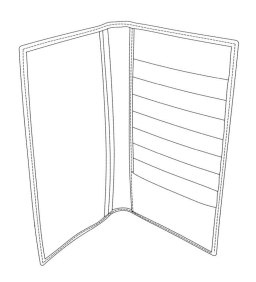

Brieftasche

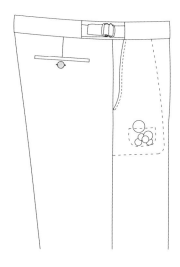

Hosentasche mit Münztäschchen

Qualität erkennen

Hochwertiges Leder und sauber verarbeitete Nähte sind die wichtigsten Kriterien für eine gute Geldbörse. Achten Sie daher darauf, dass keine Fäden aus den Nähten hervorschauen und dass das Leder sich biegen lässt, ohne Risse in der Oberfläche zu bilden. Während die Größe von Kreditkarten weltweit gleich bleibt, variiert die Größe von Banknoten erheblich. Eine gute Geldbörse sollte diesem Umstand Rechnung tragen und ausreichend groß dimensioniert sein, um die gängigsten Formate aufnehmen zu können.

Abgesehen von den objektiven Qualitätsmerkmalen, sollten Sie auch Ihre subjektive Wahrnehmung in die Beurteilung mit einfließen lassen. Im Besonderen sollten Sie prüfen, ob sich das verwendete Leder gut anfühlt. Schließlich halten Sie Ihre Geldbörse oft in den Händen.

Tipp: Englisches „Bridle Leather" wird in einem aufwendigen Verfahren gegerbt, das dem Leder eine besondere Farbtiefe, Flexibilität und Langlebigkeit verleiht. Ein so aufwendig hergestelltes Leder wird nicht zu einem qualitativ minderwertigen Produkt verarbeitet.

Kaufempfehlung

In der Regel ist es flexibler, sein Münzgeld getrennt von Banknoten und Karten aufzubewahren. Ich empfehle daher eine Kombination aus Brieftasche und Münzportemonnaie beziehungsweise, loses Münzgeld in der Hosentasche zu verstauen. Wer sich mit dieser Kombination schwertut, der sollte vor dem Kauf zunächst testen, ob er sich mit dieser Variante anfreunden kann. Lassen Sie das Münzfach Ihres alten Portemonnaies leer und führen Sie stattdessen ein paar Münzen in der Hosentasche mit sich.

Interessante Adressen

Alfred Dunhill
www.dunhill.com

—

Bill Amberg
www.billamberg.com

—

Ettinger Leather Goods
www.ettinger.co.uk

—

Launer Leather
www.launer.com

—

Tanner Krolle
www.tannerkrolle.com

Asprey
www.asprey.com

—

Daines & Hathaway
www.dainesandhathaway.com

—

Hardgraft
www.hardgraft.com

—

Oppermann London
www.oppermann-london.com

>

Über den Autor

Arndt Susmann arbeitet als Architekt und Berater in Stilfragen. Er geht seiner Passion für zeitlosen Stil und hochwertiger Kleidung nach. Sein Bild-Blog „About Style Lightbox" zeigt Inspirationen zum Thema Herrenbekleidung und Accessoires. Neben seiner Tätigkeit als Architekt und Autor gibt er sein Wissen zu Fragen des guten Stils in Seminaren und privaten Coachings an Personen und Unternehmen weiter.

Arndt Susmann lebt und arbeitet im schweizerischen Basel und kauft zu viele Schuhe.

Mehr erfahren Sie unter:
www.craft-image.com
www.about-style-lightbox.tumblr.com

>

Dank

Mein Dank gilt all jenen, die mich beim Schreiben dieses Ratgebers mit ihren Anregungen und Meinungen unterstützt haben.

Mein besonderer Dank gilt:

Marcus
Für die Unterstützung beim Treffen wichtiger Entscheidungen und seinen scharfen Blick für Fehler

Verena
Für Ihre offene und ehrliche Meinung

Antonius
Für eine frühe Bestätigung

The rules of dressing are important - you have to understand them,
only than can you find the best way of breaking them
and do so to great effect.